岩戸開き　ときあかし❶

日月神示の奥義【五十黙示録】

第一巻「扶桑之巻」全十五帖

内記正時［解説］
岡本天明［原著］

ヒカルランド

五十黙示録　第一巻

扶桑《ふそう》之巻

（全十五帖）

昭和三十六年五月五日

はじめに――私が「五十黙示録《いせもくじろく》」に取り組むことになった経緯《いきさつ》

「日月神示」をよく知る者なら、これが日本に降ろされた最高最大にして最奥の「神典・神書」であることに異論はないだろう。かく言う私もその一人であって、これまで日月神示を27年以上に亘って研究し、一般向けの解説書を10数冊上梓して来た。

これらの解説書によって、日月神示に降ろされた神仕組や神理の基本的なことについてはある程度書き終えたと思っている。特に重要な「基本十二巻」については、全巻・全帖を解説したものを書籍化しているのでご存じの方もいるだろう。

「基本十二巻」とは第一巻「上つ巻」から第十二巻「夜明けの巻」までの「十二の巻」のことで、**「この十二の巻よく肚《はら》に入れておけば何でもわかるぞ。無事に峠越せるぞ」**（第十二巻「夜明けの巻」第十四帖）と神が断言しているものである。

要するにこの「十二の巻」が日月神示の最も核心となる基本中の基本であり、神仕組や神理の全てが書いてあるということから「基本十二巻」と呼ばれているものである。

しかしそんな私でも、ごく一部を除きこれまで正面から手を付けてこなかった重要な「巻」が残されていた。それが日月神示の奥義とも言える「五十黙示録《いせもくじろく》（全七巻）」である。この巻がどの様なものであるかについては、第二十三巻「海の巻」の最後に次のように示されている。

二十三巻でこの方の神示《ふで》の折々《おりおり》の終わりざぞ、後《あと》の七つの巻《まき》は宝としてあるのざぞ、今にわかりて来るぞ、合わせて三十の巻、それが一つの節ざぞ

（第二十三巻「海の巻」第十九帖）

右の神示で「**後《あと》の七つの巻《まき》は宝としてあるのざぞ**」と示されているのが「五十黙示録（全七巻）」のことである。この「七つの巻」は神が「宝」と申されているほど重要なものであるにも拘《かかわ》らず、何故私が手を付けてこなかったのかと言えば、それはただ一言《ひとこと》「難解」だからということに尽きる。とにかく難解なのである。難解極まりない。

読者の中で「五十黙示録」を通読された方がおられれば、おそらく私と同様の感想をお持ちだろう。

ではどうして「難解」なのか？と言えば、それは「五十黙示録」に降ろされた神示（帖文）の多くが、次の四つの要素の何れか（或いは複数）を備えているからである。

◎抽象的である
◎観念論的である
◎神理や神仕組が短い文章に凝縮《ぎょうしゅく》されている
◎数字（数霊）が多用されている

その難解さ故に、何とか解読出来た少数の帖（やその中のピース）を除き、「五十黙示録」全巻・全帖の解読・解釈に正面から取り組むことを避けて来たというのが本音である。ハッキリ申せば「とてもじゃないが無理」と思って、腰が引けていたと言ってもよいくらいだ。

しかし時が経つにつれて、自分の内なる衝動のようなものが徐々に強くなって来た。頭では無謀な挑戦だと思っていても、心の中では「それをやらなかったら一生後悔する」という思いである。

結局、内なる衝動が勝利し、「五十黙示録」全巻・全帖の解読解釈に挑戦することに決心した。途中で行き詰まったとしても、やらずに後悔するよりは遥かにましである。

一年近く悪戦苦闘と奮励努力を重ねた結果、何とかやり終えることが出来た。難解な解き明かしではあったが、そこに見えて来たモノはより一層深遠な神理と神仕組の奥義であって、中でも今度の「岩戸開き」が「〇九十（マコト）の〝大岩戸開き〟」であること、また「岩戸開き」の原因となった「（五度に亘る）岩戸閉め」の真実が詳細に明かされている点は特筆に値するものだ。

本書は「五十黙示録」全巻・全帖を私なりに考察し、解読解釈したものの全てを収録したものである。底本としたのは『［完訳］㋹日月神示』（岡本天明・筆、中矢伸一・校訂、ヒカルランド刊）であり、この全訳本に従って第一巻「扶桑《ふそう》之巻」から第七巻「五葉《ごよう》之巻」までの全ての帖の「考察文」を順に記述している。

現段階ではまだまだ不十分な点も多く今後の課題も残されているが、日月神示を信奉し学んでおられる読者にとって少しでも研鑽の一助となることを願い、世に出すことにした次第である。

なお老婆心ながら、「五十黙示録」は難解であるが故に、日月神示を少しばかりかじった程度ではかなりハードルが高いことを表明しておきたい。順序としては「基本十二巻」を学んでから読むことがベストであるが、先に本書に触れた方であっても「基本十二巻」を学びつつ並行的に進めることは可能であると思っている。

そのための解説書としては、私が書いたものの中から次のものを推奨したい。

最も重要な「基本十二巻」の全解説書（ヒカルランド刊）

・謎解き版［完訳］㋹日月神示「基本十二巻」全解説その1（全二冊、第一巻〜第四巻）
・謎解き版［完訳］㋹日月神示「基本十二巻」全解説その2（全二冊、第五巻〜第八巻）
・謎解き版［完訳］㋹日月神示「基本十二巻」全解説その3（全三冊、第九巻〜第十二巻）

テーマ別のオリジナル解説書（ヒカルランド刊）

・ときあかし版『［完訳］日月神示』
・奥義編［日月神示］神一厘のすべて
・秘義編［日月神示］神仕組のすべて

・日月神示は逆説に満ちている

最後に、本書の出版を快く引き受けて下さった（株）ヒカルランドの石井健資社長及びスタッフの方々に衷心より感謝申し上げる。

令和五年二月吉日

著者記す

岩戸開き ときあかし❶

日月神示の奥義【五十黙示録】第一巻「扶桑之巻」（全十五帖） 目次

カバーデザイン　櫻井 浩（⑥Design）
本文仮名書体　文麗仮名（キャップス）

第一帖

東は扶桑《ふそう》なり、日（◉）出《い》づる秋《とき》は来にけり。この巻、扶桑の巻、続く六の巻を合わせて七の巻、一百四十四帖の黙示を五十《いせ》黙示《もくじ》と申せよ。

イシもの言うぞと申してありたが、イセにはモノ言うイシがあると昔から知らしてあろうがな、五のイシがモノ言うのであるぞ、開けば五十となり、五百となり、五千となる。握れば元の五となる、五本の指のように一と四であるぞ、この方《ほう》を五千の山に祀れと申してあろうが、これがイチラ（五千連）ぞ、五十連《イツラ》ぞ、わかりたか、五十連世に出るぞ。

天に神の座あるように、地には人民の座があるぞ、天にも人民の座があるぞ、地に神の座があるぞ。七の印《しるし》と申してあるぞ、七とはモノのなることぞ、天は三であり、地は四であると今までは説かせてあったなれど、いよいよ時節到来して、天の数二百十六、地の数一百四十四となりなり、伊邪那岐《イザナギ》三となり、伊邪那美《イザナミ》二となりなりて、ミトノマグワイして五となるのであるぞ、五は三百六十であるぞ、天の中の元のあり方であるぞ、七の燈台は十の燈台と成り出《い》づる時となったぞ、天は数ぞと申してあろう、地はイロハであるぞ。

わからん者が上に立つこととなるぞ、大グレン目の前、日本のみのことではないぞ、世界中のことであるぞ、今度は三千世界が変わるのであるから今までのような立て替えではないのであるぞ。何もかも鏡にうつるのであるぞ。鏡が御神体であるぞ。何も写らん御神体のカガミは何にもならんぞ。

〈考察〉

本帖が「五十黙示録」の最初の帖であるが、一読して「難解」であることが感じられるものだ。しかもこの第一帖だけが特別に難解なのではなく、全巻に亘ってこのような感じの帖が多く降ろされているのである。

これからこの難解な神示について、私なりに解読解釈したものを「考察文」として述べて行くが、さすがに小説を読むように軽く読み進められるものではないので、読者におかれては先を急ぐことなく、じっくりと取り組んで頂きたい。

さて本帖は長文であり多くのテーマが含まれているため、テーマ毎の文節に区切って考察して行きたい。また必要の都度「小タイトル」を付けることによって、出来るだけ分かり易く書いて行くつもりである。

最初の文節は、次のように短いものである。

東は扶桑《ふそう》なり、日（⦿）出《い》づる秋《とき》は来にけり。この巻、扶桑の巻、続く六の巻を合わせて七の巻、一百四十四帖の黙示を五十黙示《いせもくじ》と申せよ。

●「扶桑《ふそう》」の意味と五十黙示録の構成

まず「扶桑《ふそう》」であるが、インターネット百科事典「ウイキペディア」を参照すれば次のように説明されている。

中国伝説で東方のはてにある巨木（扶木・扶桑木・扶桑樹とも）である。またその巨木の生えている土地を扶桑国という。後世、扶桑・扶桑国は、中国における日本の異称となったが、それを受けて日本でも自国を扶桑国と呼ぶことがある。

このように「扶桑（国）」は古来「日本」を指す呼称とされているが、本帖文の冒頭も「**東は扶桑《ふそう》なり、日（⦿）出《い》づる秋《とき》は来にけり**」とあることから、「扶桑」が「日本」を指していることは間違いない。勿論正確に言えば、単なる「日本」ではなく霊的な意味で「神国日本」と捉えることが必要である。

続いて「**この巻、扶桑の巻、続く六の巻を合わせて七の巻、一百四十四帖の黙示を五十黙示《いせもくじ》と申せよ**」とあるのは、神が「五十黙示録」の名称と具体的な構成を示したものである。

つまり「合わせて七の巻」で構成される神示を「五十黙示《いせもくじ》（録）」と称すること、その最初の巻が「扶桑之巻」であること、さらに「五十黙示録」全巻に降ろされる黙示（＝帖）の数が「一百四十四（１４４）」であることを神が最初に宣言（予告）しているのである。

これは「五十黙示録」が極めて「計画的」なものであることを示してあまりあることだ。

ここで一点補足しておくが、右には「１４４帖の黙示」と示されているが、実際に降ろされた帖の数は「１４３」であって、予告された数より一帖少なくなっている（＝欠帖）。

欠帖となっているのは第三巻「星座之巻」第二十四帖であり、岡本天明の手記によれば「未発表のため欠帖となっております」と説明されている。神の側でも何らかの理由により一つの帖を降ろさなかったようであるが、その理由は不明である。

ところで「１４４帖の黙示」の中で「１４４」という数字には重大な意味が込められている。詳細は後述するが、「１４４」とは「(天に対する) **地の数**」を意味する。

従って、「五十黙示録」に含まれる「１４４の帖（実数は１４３）」は地上世界、特に神国日本に降ろされたものであることを想起させる。

また何故「(１４４帖の) **黙示**」なのか？ ということについては、「黙示」の意味を知らなければならないだろう。

「黙示」とは一般に「隠された真理を示すこと、特にキリスト教において神が人意を越えた真理や神意などを示すこと、またその啓示のこと」のように説明されているから、「五十黙示録」に先行する「基本十二巻」などに降ろされた神理よりも、さらに掘り下げた深遠な神理を開示する、という意味を持たせていると思われる。

このことからも「五十黙示録」はかなり難解であることがこの段階でも予想されるが、実際に「五十黙示録」は全体として抽象的かつ観念論的な内容が多く、これに加えて数字（数霊）が多く登場しているなど、その難解さは際立っている。

とは言え、「五十黙示録」に降ろされている神理が、それ以前の「基本十二巻」などに降ろされているものとは隔絶した、超高度な神理が展開されているとはとても考えられない。そのようなものを降ろしても、地上世界の人間が理解出来なければ何の意味もないからだ。

従って主に「基本十二巻」に降ろされている神理を基礎にすれば、この「五十黙示録」はその応用編のようなもので、完全完璧でなくても何とか解読解釈は可能であると考えているし、そうであることを期待してもいる。

ところで「五十黙示」に「五十」という漢字（漢数字）が使われているが、これもまた何かの意味が込められているのは間違いない。しかも「五十」は数字の五十でもあり、「五十《いせ》黙示《もくじ》（録）」の「五十（いせ）」でもあって、明らかに二つの意味（＝両義）が込められている。

ただこれを説くには、次の文節に移らなければならないので先に進むことにしよう。

　イシもの言うぞと申してありたが、イセにはモノ言うイシがあると昔から知らしてあろうがな、五のイシがモノ言うのであるぞ、開けば五十となり、五百となり、五千となる。握れば元の五となる、五本の指のように一と四であるぞ、この方《ほう》を五千の山に祀れと申してあろうが、これがイチラ（五千連）ぞ、五十連《イツラ》ぞ、わかりたか、五十連世に出るぞ。

この文節も難解極まりないが、解読のためのキーワードは「**(五の)イシ**」と「**イセ**」であるようだ。

●五十(イセ、いせ)には「伊勢の国」の意味がある

まず比較的シンプルな「イセ」についてであるが、漢字では「**五十《いせ》(黙示録)**」の「五十(いせ)」が当てられていることに注目したい。これについて私は「伊勢(の国)」という「地名」を指していると考えている。つまり、現在の三重県である。と言うのは、岡本天明の終《つい》の棲家《すみか》であり、最後の活動の拠点であった「至恩郷《しおんきょう》」が、三重県の北部「菰野《この》」に存在していたからだ。

この観点から見えて来る「五十黙示《いせもくじ》(録)」とは、「伊勢の国において(岡本天明に)降ろした黙示録」ということになる。

●根本数「五」が開いて五十、五百、五千となる

地名とは別の漢数字の「五十」については、これは単独で存在するもの、或いは単独で何らかの意味を持つものという捉え方は適切ではない。何故なら「**(五のイシは）開けば五十となり、五百となり、五千となり**」、また「**握れば元の五となる**」と示されていることから、根本が「五」であり、それが具体的に展開拡大したものが「五十」であり、「五百」であり、さらに「五千」であるということになるからだ。

つまり「五十」の元には根本数としての「五」があるということになる。

では「**五**」とは何か？　ということになるが、これには次の文節の助けを借りなければならない。少々飛び飛びになって恐縮だが、ここは辛抱して付いて来て頂きたい。

いよいよ時節到来して、天の数二百十六、地の数一百四十四となりなり、伊邪那岐《イザナギ》三となり、伊邪那美《イザナミ》二となりなりて、ミトノマグワイして五となるのであるぞ、五は三百六十であるぞ、天の中の元のあり方であるぞ

右の要点は「**伊邪那岐《イザナギ》三となり、伊邪那美《イザナニ》二となりなりて、ミトノマグワイして五となる**」とある部分である。つまり「三」である「イザナギ」と「二」である「イザナミ」が結ばれて「五」になるという意味だが、イザナギは男神であって「男性原理、ヽ」を、またイザナミは女神であるから「女性原理、◯」をそれぞれ象徴している。

よって、イザナギとイザナミが結ばれる（＝ミトノマグワイ）ということは、次のような二つの図式で表すことが出来る。勿論、この二つは同じ意味である。

・男性原理（三）＋女性原理（二）→完全神（五）
・「ヽ」＋「◯」＝「⦿」

つまり「五」とは「完全神、根源神」のことであり、神文字「⦿」によっても表されることが分かる。言葉を換えれば「五」は「世の元の大神様のイシ」であって、これ故に「五」が根本数なのである。

また「完全」という意味では「**五は三百六十であるぞ**」とも示されている。言うまでもなく「三百六十」は「円」の「３６０度」に対応するが、「円」は全てが円満具足であり完全な調和を象徴している。従って「五」は「完全な調和」の意味でもあり、これらを称して「**天の中の元のあり方**」と示されているのであろう。

なお「**三百六十**」になるには、「**天の数二百十六**」と「**地の数一百四十四**」の両方が必要なことは自明であり、このことは「天だけ」ではならず、「地だけ」でもならず、「天」と「地」が結ばれて「完全（五）」になるとの意味である。

ここで「天の数二百十六（２１６）」と「地の数一百四十四（１４４）」の割合はピッタリ「三対二」になるから、「天」と「地」の結びは前述の「男性原理（三）＋女性原理（二）→完全神（五）」、また「丶」＋「〇」＝「⦿」と全く同じ神理であることが分かる。

なお「**ミトノマグワイ**」とは古事記に登場する言葉であって、イザナギとイザナミが結婚して最初の国生みをする時に「ミトノマグワイ」をしたと記述されている（要するに男女の交わりのことである）。

以上のように「五十」を追求した結果、「天の中の元のあり方」とされる根本数「五」に行き着き、「五」が開いて（具体的なカタチに顕現して）「五十」になることが分かった。

勿論「五十」で止まることはなく、「五十」が「五百」にも「五千」にも（それ以上にも）なることは当然である。神仕組とはこのように、根本数「五」が無限に「開く」ことによって具現化されるのである。

ここで一つ前の文節に戻って「**これがイチラ（五千連）ぞ、五十連《イツラ》ぞ、わかりたか、五十連世に出るぞ**」について考えて見よう。「五千連《イチラ》」とか「五十連《イツラ》」を単品で見ても考えてもほとんど意味が採れないが、「これがイチラ（五千連）ぞ、五十連《イツラ》ぞ」の「これ」が分かれば糸口は摑《つか》める。

「これ」とは、前述の文節の中で「**五のイシがモノ言うのであるぞ、開けば五十となり、五百となり、五千となる**」を指しているから、「五千連《イチラ》」は「（開けば）五千になる」ことであり、同様に「五十連《イツラ》」は「（開けば）五十になる」ことと同義である。これが「世に出るぞ」とあるのだから、「天の中の元のあり方」である根本数「五」が地上世界に顕現し、諸々の神仕組を進展進行させるという解釈になる。

なお「五十連」に関しては、第九巻「キの巻」に次のようなピース（＝帖文の中の一部）が降ろされている。

皆の者に一二三唱えさせよ、五柱御働きぞ、八柱十柱《はちはしらとはしら》御働きぞ、五十連《いつら》ぞ、イロハぞ、わかりたか。

（第九巻「キの巻」第十一帖）

ここでは「**五柱御働きぞ、八柱十柱《はちはしらとはしら》御働きぞ、五十連《いつら》ぞ**」と示され、「五十連《いつら》」とは「五柱、八柱十柱《はちはしらとはしら》（の神々）の御働き」のことだと説いている。この説き方は、前述の「開けば五十となり、五百となり、五千となる」と表現上は異なるが、同じ神理を述べている。

つまり「五十→五百→五千」のように「開く」働きをするのが「五柱、八柱十柱（の神々）」だということなのだ。

ちなみに「五柱（の神）」とは、同巻第九帖に登場する「**岩の神、荒の神、雨の神、風の神、地震の神**」のことであり、これに第七巻「日の出の巻」第十八帖に登場する「**火の神、キの神、金《かね》の神、日の出の神、竜宮の乙姫**」の五柱を加えたものが「十柱（の神）」である。

いずれの神々も、此度の「岩戸開き」の主宰神である国常立大神（「国祖様」ともいう）を補佐し共に働かれる「眷属《けんぞく》神」と位置付けられている。なお「八柱」の「八」は「八方世界

（＝地上世界）」のことでもあるから、これら「十柱の神々」はこの「地上世界」の「岩戸開き」のために働く神々を示唆している。

またこの帖文の最後に「**イロハぞ、わかりたか**」という一節があるが、「イロハ」とは「いろは祝詞」のことだと思われる。「いろは祝詞」は「ひふみ祝詞」と対（ペア）を成すもので、「ひふみ祝詞」が「天」に、「いろは祝詞」は「地」に対応するとされている。

よって「イロハぞ」とは、「五十連（＝五柱、十柱の神々の働き）」が「地上世界」において顕現されるものであることを示していると捉えられる。

このように表現は様々であるが、結局、同一の神理や神仕組のことを指しているのである。

●モノ言う「イシ」の謎

次に「イシ」について考えて見ると、先の文節には二つの「イシ」が登場している。一つは「**イセにはモノ言うイシがあると昔から知らしてあろうがな**」の「イシ」であり、もう一つは「**五のイシがモノ言うのであるぞ**」の「イシ」である。

この二つの「イシ」は表面的には異なった意味で使われているが、両者の意味が判明すれば一つの神意に収束するという仕掛けが施されているものだ。

まず後者の「**五のイシがモノ言うのであるぞ**」については、「五」が「天の中の元のあり方」とされる根本数のことであり、また「⦿」でもあり、「完全な調和」を示すものであったから、「五のイシ」とは「根本の神（＝世の元の大神様）のイシ（意志）」のことだと解される。

それが「モノ言う」とは、「世の元の大神」様の意志が地上世界に顕現されるということであるから、これは既に述べた「(五が) 開けば五十となり、五百となり、五千となる」と同じことを説いているのだと分かる。

次にもう一方の「イセにはモノ言うイシがあると昔から知らしてあろうがな」については、「イセ」を地名と捉えれば「伊勢（の国）」つまり現在の三重県を指している。そしてそこには「昔からモノ言うイシ」が存在しているという流れになるが、果たしてそんなものが本当にあるのだろうか？

実は「ある」のだ。確かに昔から存在している。三重県志摩《しま》市磯部《いそべ》町という所には「鸚鵡《おうむ》岩《いわ》」という大きな岩があって、その岩はまるで岩自体が話しているような奇妙な現象が起こるというのである。

これについてはインターネット上の「伊勢志摩観光ナビ」というサイトで、次のように紹介されている。

おうむ岩は、垂直に切り立つ大岩壁です。「語り場」から話しかけると、50m離れた「聞き場」に届くという不思議な現象が起き、まるで岩が話しているかのような聞こえ方をします。頂上は遠くに太平洋も一望できる絶景スポットになっています。

このようにイセ（伊勢）には確かに「モノ言うイシ（石）」が現実に存在していること、また「イシ」は「世の元の大神様のイシ（意志）」でもあること、さらにこの時の岡本天明の住居が「伊勢の国の至恩郷」であることを総合的に見れば、次のような神意が見えて来るのである。

モノ言うイシ（石→おうむ岩）があるイセ（伊勢の国→三重県）の地において、「世の元の大神様のイシ（意志）」が具現化された神示を岡本天明に伝達する。それが「五十《いせ》黙示録」である。

このように「五十黙示録《いせ》」には根本数の「五」が開いて「五十」になったものであること、同時にそれは「モノ言うイシ（石）があるイセ（伊勢の国）」において降ろされるものであることの意味を内包しているのである。

●この方を五千の山に祀れとは？

二つの「イセ」の謎を解いて来たが、実は先の帖文にはさらに「五十（イセ）」とは異なるもう一つ別の「イセ」がある。それが「**この方《ほう》を五千の山に祀れと申してあろうが**」という部分である。

ここで「五千の山」とは当然「五千の山《いせ》」のことであり、数としての「五千」のことではないから注意してもらいたい。第一、「五千もの数の山にこの方を祀る」ことなど、物理的に不可能なことだ。

この場合の「**五千（いせ）の山**」とは「イセ（伊勢）に所在する山」と解され、具体的には天明が住んでいた至恩郷（菰野）のすぐ近くにある霊山「御在所岳《ございしょだけ》」のことを指していると思われる。「御在所岳」は、古来、山岳信仰における修験の場としても有名な霊地であった。

この頃の天明は病弱で神業に耐えられる状態ではなかったが、それでも昭和36年の夏には「御在所岳」の山頂まで登山していることが伝わっていて、その時の写真も残されている（黒《くろ》川《かわ》柚《ゆ》月《つき》著『岡本天明伝』ヒカルランド刊による）。

一方で「扶桑之巻」が降ろされたのは昭和36年5月5日であるから、天明の「御在所岳」登山の時期（同年の夏）ともピタリと吻合《ふんごう》するのである。

『岡本天明伝』には登山の目的までは書かれていないが、それは明らかに「世の元の大神」様のイシ（意志、根本数五）」が具現化された「五十黙示録《いせもくじろく》」を降ろすための神業（神祀り）に関わるものであったはずだ。これ以外には考えられない。

「この方を五千（いせ）の山に祀れ」の神命を受けた天明は、おそらく比較的体調がよかったであろう夏の時期に「御在所岳」に登り、そこで「この方《ほう》（＝国常立大神）」を祀ったのではないかと推測される。

注：ただ天明の体調が比較的よかったとしても、標高１２１２ｍもある「御在所岳」に徒歩で登っ

たとはとても思われず、私としてもこの点が引っ掛かっていた。そこで色々調べて見た所、昭和34年4月に御在所岳東麓の「湯の山温泉」から「山上公園」まで「ロープウエイ」の運行が開業されていることが分かった（さらにそこから頂上まではリフトが利用できる）。天明は昭和36年の夏に登っているから、ロープウエイとリフトの利用が可能であった。これによって私の疑問は払拭された。

●さらにもう一つ別の「五千の山」があった

以上のように、神は岡本天明に「この方を五千の山に祀れ」という神命を授けたのであるが、これと同じような状況がこれより16年も前に起こっている。これも「五千の山」に関わることなので概要を述べておきたい。

関連する神示は次のものである。

釈迦祀れ。キリスト祀れ。マホメット祀れ。カイの奥山は五千の山に祀りくれよ。七月の十と二日に天晴れ祀りてくれよ。

（第十一巻「松の巻」第十七帖）

この神示は「甲斐の仕組」の一つである「奥山」開きに関するもので、「奥山」を「五千の山に祀りくれよ」と指示されたものである。ここでいう「五千の山」とは勿論「イセの山」のことであり、具体的には山梨県甲府市「伊勢町」の山に祀れという指示であった。

またその時期は、「**七月の十と二日に天晴れ祀りてくれよ**」とある通り、（昭和20年）7月12日と決められていた。前述の通り、「御在所岳」に神を祀ることより16年も前のことである。

このように「五千（イセ）」に関しては「神祀りの場所（の一つ）」を意味しているが、これも「（五が）開けば五十となり、五百となり、五千となる」の一環と思われる。

●「モノ言うイシ（石）」に関する補足

「モノ言うイシ（石）」については補足しておきたい神示が別にあるので次に採り上げる。

石物言う時来るぞ。草物言う時来るぞ。北拝めよ、北光るぞ、北よくなるぞ、夕方よくなるぞ、暑さ寒さ、みなやわらかくなるぞ、ミロクの世となるぞ。

（第四巻「天つ巻」第二十七帖）

この神示は「ミロクの世」の情景を述べており、「ミロクの世」では自然界の石や草までが物を言う、つまり「ミロクの世」を褒め称える、もっと言えば「てんし様」を褒め称えるということを表しているようである。「ミロクの世」とはこのような理想郷なのである。

さらにもう一つの「石」がある。

『岡本天明伝』の著者黒川柚月氏は、「石」とは天然記念物で岐阜県の山中から採取された「菊花石《きっかせき》」のことでもあると表明している。「菊花石」とは中に「菊」のような模様がある石のことで、その美しさから観賞石の最高峰と言われているものだ。

これを実見したのが岡本天明の最大の協力者であり、同時に最高のブレーンであった高田集蔵《しゅうぞう》という人物であるが、彼は中心の一点から十六方向に拡散される「菊花石」の形象から「中心帰一」の思想を読み取り、日本が世界の「中心国」であることを指摘したという。

さらに高田集蔵は「菊」＝「聞く」に対応させ、新約聖書の「ルカによる福音書」の一節「石が叫ぶ」を引用している。

答えて言われた、「あなたがたに言うが、もしこの人たちが黙れば、石が叫ぶであろう」
（ルカによる福音書19章40節　新共同訳聖書）

この「**石が叫ぶ**」とは、イエスがエルサレムの黄金の門から入場する場面のエピソードであるが、ここには非常に深い意味が隠されているというのである。

高田集蔵はキリスト教徒であり哲学者でもあって当時の最高の知性の一人とされ、岡本天明を支える「因縁の身魂」の一人であったが、その彼が日月神示に「**石物言う時来るぞ**」と降ろされる以前に、「菊花石」と「聖書」の中に「石が叫ぶ」を見出していたことはとても偶然とは思われない。

このように「イシ」一つとっても、その意味は多様でありかつ深いのである。黒川氏の指摘は、日月神示の解釈の裾野が非常に広いことを教えてくれている。

以上ここまで「根本数五」や「五十」「五千」「イシ」に関する考察をして来たが、関連する情報が非常に多くて長くなってしまった。ここから次の文節に移ろう。

天に神の座あるように、地には人民の座があるぞ、天にも人民の座があるぞ、地に神の座があるぞ。七の印《しるし》と申してあるぞ、七とはモノのなることぞ、天は三であり、地は四であると今までは説かせてあったなれど、いよいよ時節到来して、天の数二百十六、地の数一百四十四となりなり、伊邪那岐《イザナギ》三となり、伊邪那美《イザナミ》二となりなりて、ミトノマグワイして五となるのであるぞ、五は三百六十であるぞ、天の中の元のあり方であるぞ、七の燈台は十の燈台と成り出《い》づる時となったぞ、天は数ぞと申してあろう、地はイロハであるぞ。

●七の燈台から十の燈台へ

この文節は数字が多く登場し難解であるが、全体の意味は中ほどに「**いよいよ時節到来して**」とあるように、旧世界から新世界への次元上昇に伴う変化について述べていると思われる。

「**七の燈台は十の燈台と成り出《い》づる時となったぞ**」はその典型例であり、「七の燈台」は今までの世界の象徴であり、「十の燈台」は言うまでもなく新世界（＝ミロクの世）を意味している。

また「七」については「**七の印《しるし》**」、「**七とはモノのなること**」とも示されているが、大事なことは「七」の本質が「モノのなること」であり、これを「七る」→「なる」→「成る」と捉えれば、「今の世界から新世界へとモノが成っていく」意味を含んでいると考えられる。

つまり「七の燈台」や「七の印」は永遠のものではなく、それ自体が「新世界に七る（成る）」ことの性質を内包しているのであって、その完成形が「十の燈台（＝新世界、ミロクの世）」となるのではないかと思われる。

さらに「七」については「**天が三、地が四**」であったと示されているように、「天（三）」より「地（四）」の方が多くなっている。つまり「天より地が上」であるという価値観（思想）がこれまでの世界であったということになる（＝主従逆転）。日月神示ではこのことを「上下逆様になっている」とか「グレンと引っ繰り返っている」のように述べていることはご存じだろう。

この原因は勿論、五度に亘る「岩戸閉め」である。

それがこれからは「**天の数二百十六と地の数一百四十四**」となり、その割合は「**天が三（二百十二）**」で「**地が二（一百四十四）**」であるとされている。「主」と「従」の関係が本来のカタチに戻っていることが明らかだ。

既に述べたことだが重要なので繰り返すと、「天の数（二百十六）」と「地の数（一百恩十四）」を合わせると「三百六十」つまり「円（円満具足、調和）」になること、またこの割合が「天（イザナギ）三」に対して「地（イザナミ）二」となり、両者が結ばれること（ミトノマグワイ）によって「根本数五」という完全な神（◉）になるのである。

●天は数、地はイロハで意志表示する

次に「**天は数ぞと申してあろう、地はイロハであるぞ**」は何を意味するのであろうか？これはおそらく、天（神界、霊界）と地（地上世界）の「意志表示（伝達方法）」の違いを端的に述べたものではないだろうか？

つまり「天」の意思表示や伝達は「数（数字）」によることが主体であり、「地」においては「イロハ」に代表される「言葉や文字」を指していると考えられる。このように申せば、「数（数字）」で意思表示や伝達が出来るのか？　と思う者がいるかも知れないが、当然、出来るのである。そのことをハッキリ示しているのが次の神示である。

中心に座す太神のお言葉は、順を経て霊人に至り、地上人に伝えられるのであるが、それはまた霊界の文字となって伝えられる。（中略）また高度の霊界人の文字として、ほとんど数字のみが使用されている場合もある。数字は、他の文字に比して多くの密意を蔵しているからである。しかしこれは不変なものではなく、地上人に近づくに従って漸次変化し、地上人の文字に似てくるのである。

（第十七巻「地震の巻」第十三帖）

意味は明瞭であり、特段の説明は不要であろう。

最後の文節に移る。

わからん者が上に立つこととなるぞ、大グレン目の前、日本のみのことではないぞ、世界中のことであるぞ、今度は三千世界が変わるのであるから今までのような立て替えではないのであるぞ。何もかも鏡にうつるのであるぞ。鏡が御神体であるぞ。何も写らん御神体のカガミは何にもならんぞ。

●今度は三千世界が変わる

第一帖の最後の文節であるが、ここには解釈が難しい数字がないので少しホッとする所だ。

この部分の要点は、「**大グレン目の前、日本のみのことではないぞ、世界中のことであるぞ、今度は三千世界が変わるのであるから今までのような立て替えではないのであるぞ**」に言い尽くされている。三千世界の全て、つまり「神界、幽界、地上世界」の全てが変わるのである。

このことは肝に銘じておくべきである。「地上世界」だけが変わるのではない。

「**わからん者が上に立つこととなるぞ**」とは、「大グレン」の変化過程（プロセス）においては、神理を全く理解していない者がピラミッド社会のトップつまり「上の者」になるということであろう。今の世界は完全にそうなっている。

また「**何もかも鏡にうつるのであるぞ。鏡が御神体であるぞ。何も写らん御神体のカガミは何にもならんぞ**」は「鏡、カガミ」が何を指しているかが重要である。

「鏡が御神体」とあるが、まさか神社などに御神体として祀られている「鏡」である訳が無いから、正解は他にある。そしてそれは「何もかもうつる鏡」でなければならない。

「何もかもうつる」とは霊的に解釈すべきであるから、これは臣民の「身魂磨き」の状態がハッキリ写る鏡ということになるのではないだろうか？ このように捉えれば、それは臣民一人一人の「**真我（〻）**」のことではないかと考えられる。「真我」が覚醒するにつれて、自分自身のことが明らかになって来るからだ。

これに対して「何も写らん御神体のカガミ」とは、「真我（〻）」に対する「**自我（〇）**」のことであろうと思われる。「自我」は徹底して「我れ善し」であるから、自分自身の霊的真実を写すことは出来ないどころかむしろ自分自身を騙すことさえするのである。当然「何にもならんぞ」となるしかない。

〈第一帖の考察を終えた所見〉

以上、ここまで第一巻「扶桑《ふそう》之巻」第一帖の解読解釈に取り組んで見たが、何とたった一つの帖の考察にかなり多くのページ数を要してしまった。「五十黙示録」の解読解釈は総じてこのように難事業であると言ってよいようだ。

勿論、考察したテーマとその内容には濃淡や粗密があるのは当然であるし、数（霊）に関する知見が乏しい自分にとっては、深掘りするのは大変であった。しかもこれらの解読解釈が十分神意に適っているという自信や確信がある訳でもない。正直、これは大変だ。えらいことになって来た、最後まで行けるだろうか？　無理かも、などと思った。

しかしここで止めたら絶対に後悔することになる。やるしかない。一筋縄では行かないことは確かだが、「基本十二巻」で理解した知識や情報を総動員しつつ、全力でぶつかって行くことに肚を決めた。何とか最後まで辿り着けたなら、意味のある仕事だったと言うことが出来るだろう。そうなることを信じて第二帖以降に向き合うことにする。

第二帖

中臣《なかとみ》の太祝詞言《ふとのりとごと》ふとにのりあぐ。一はいくら集めても一であるぞ、わからんものいくら集めてもわからん道理、二は二、三は三であるぞ、一を二つ集めても二にはならんぞ、人民大変な取り違いを致して居るぞと申してあろうがな。〇《レイ》がもとぢや、◎一《レイ》がもとぢや、結びぢゃ弥栄ぢゃ、よく心得なされよ。世の元、○の始めから一と現われるまでは○を十回も百回千回も万回も、繰り返したのであるぞ、その時は、それはそれでありたぞ、火と水のドロドロであったぞ、その中に五色五頭の竜神が御働きなされて、つくり固めなされたのぢゃ、今の人民は竜神と申せば、すぐ横を向いて耳をふさぐなれど、マコトのことを知らせねばならん時ざから、言分《ことわ》けて申しているのぞ、竜神とは◎神であるぞ、五色の竜神とは国常立尊《クニトコタチノミコト》の御《おん》現われの一つであるぞ。

戒律をつくってはならん、戒律がなくてはグニャグニャになると思うであろうなれども、戒律は下《げ》の下の世界、今の人民には必要なれど、いつまでもそんな首輪はいらんぞ、戒律する宗教は滅びると申してあろうがな。

〈考察〉

本帖の冒頭に次のような一文ある。

中臣《なかとみ》の太祝詞言《ふとのりとごと》ふとにのりあぐ。

●謎の一文は片歌《かたうた》か？

最初に登場するこの一文は何だろうか？　表現からして古文書の中の一部か、または何らかの「祝詞」の一節のようにも感じられるが、「五七七」の律を踏んでいることから、私は和歌の一種である「片歌《かたうた》」だと思っている。

日月神示の中に「片歌」が登場することを奇異に感じる読者もいるだろうが、神示を細かく見て行けば、随所に片歌が降ろされているのは紛れもない事実である。最もよい例は第二十四巻「黄金《こがね》の巻」第四十四帖であるが、驚くなかれ、この帖には何と「七十一首」もの「片歌」が連続して降ろされているのである（納めるの全訳本をお持ちの方は、直接確認して欲しい）。日月神示に降ろされている以上、これらの「片歌」は単なる歌ではなく、神が「片歌」に込めた「言霊」と言うべきものであろう。

これに加えて岡本天明自身が「片歌」の熱心な愛好者であって、「すめら歌社」という片歌の同人組織まで作っていた事実がある。神示の中に多くの片歌が登場することは、前述した「言霊」としての性格の他に、病弱だった天明への労《ねぎら》いの意味を込める意味もあったと言えるようにも思われてならない（これについては今後も登場するテーマである）。

「扶《ふ》桑《そう》之巻」は全十五帖からなるが、本帖（第二帖）から第十五帖までの冒頭に「片歌」が降ろされていることは大きな特徴である。ただ面白いことに、本帖を含めたこれらの片歌はその後に続く帖文（以下「本文」と称する）との関連性はほとんど見られず、極めて独立性が強いものとなっている。

従って逆に言えば、この独立性が「片歌」であることの判断材料の一つにもなっている。

ここで本帖の片歌について、分かる範囲で説明しておきたい。まず「**中臣**《なかとみ》」とは中臣氏《なかとみうじ》のことで、古代の日本において忌部氏《いんべうじ》とともに神事・祭祀を掌《つかさど》ってきた中央豪族であり、古くから現在の京都市山科区中臣町付近の山階を拠点としていた。祖先は天児屋命《あめのこやねのみこと》とされている。

日本神道における祝詞の中でもっとも有名な「大祓詞《おおはらえことば》」のことを別名「中臣祭文《なかとみのさいもん》」とか「中臣祓詞《なかとみのはらえことば》」、或いは略して「中臣祓《なかとみのはらえ》」と呼ぶことがあるが、これは大祓式における「大祓詞」の宣読を専《もっぱ》ら中臣氏が担当していたことから来ている。

よって「**中臣**《なかとみ》**の太祝詞言**《ふとのりとごと》」とは「大祓詞（中臣祭文）」のことを指すと考えてよく、それを

「ふとにのりあぐ」とは、この「大祓詞」をりっぱに宣《の》りあげるという意味になる。ここで「ふと（太）」とは接頭語で「りっぱな」「壮大な」「神聖な」などの意味を表し、天皇や神道にかかわる儀礼などに関する名詞や動詞に付けて用いることが多い。「ふと襷《たすき》」、「ふと祝詞《のりと》」、「ふと敷《し》く」、「ふと知《し》る」などがその例である。

「片歌」についてはこれくらいにして、本文に移る。ただこれも長文なので、ここでもテーマ毎の文節に区切って考察する。

　一はいくら集めても一であるぞ、わからんものいくら集めてもわからん道理、二は二、三は三であるぞ、一を二つ集めても二にはならんぞ、人民大変な取り違いを致して居るぞと申してあろうがな。〇《レイ》がもとぢや、◎《レイ》一がもとぢや、結びぢや弥栄ぢや、よく心得なされよ。世の元、〇の始めから一と現われるまでは〇を十回も百回千回も万回も、繰り返したのであるぞ

●一をいくら集めても二や三にならないという謎

「一」を二つ集めれば「二」であり、三つなら「三」となる、これが我々の常識であるが、神は「**一はいくら集めても一であるぞ**」と示し、また「**一を二つ集めても二にはならんぞ**」と断言している。これは一体どういうことだろうか?

ヒントは「**人民大変な取り違いを致して居るぞ**」にありそうだ。つまり人民の「取り違い」とは、「二」や「三、三、四……」などを単なる「数の大小」、つまり多いか少ないかで認識していることであろう。「一」は「数」としては最も少ないものだが、それが集まれば「二、三、四……」となるというのが我々の(無意識的な)認識であり常識である。

これに対して「一はいくら集めても一」を理解するには、「一」を数の大小で捉えるのではなく、その「性質」や「働き」に着目しなければならない。「一という数の性質や働き」は、「一」でなければ成し得ることが出来ず、「一」をいくら集めても「二」の性質や働きにはなれないということなのだ。

このように「数」そのものに固有の性質や働きがあると捉えることは、紛れもなく「数霊

（かずたま、すうれい）」の概念そのものである。神は単なる数ではなく「数霊」のことを述べているのである。

●『霊界物語』に見る「数霊」の働き

では「数霊」の観点から見た数字には、どんな意味や働きがあるのだろうか？「数霊」を論じる専門家や研究者は結構存在しているし、「数霊」によって個人の運勢判断や開運方法などを職業としている者さえいる。しかし科学的に証明されたものではなく、従って定説と言えるものがある訳でもない。

そこで私は「数霊」の代表例として、日月神示とも極めて関係の深い「大本《おおもと》」教団の聖師・出口王仁三郎《でぐちおにさぶろう》が口述した『霊界物語』の中から、「天地創造」における「数霊」の解釈例を示しておきたい。次のものである。

【高野比女《たかのひめ》の神《かみ》の祝歌《しゆくか》の註《ちゆう》】
高野比女の神が婚《とつ》ぎの御宴《ぎよえん》に際し言挙《ことあ》げ給ひたる一二三四《ひとふたみよ》の歌

一《ひと》は霊《ひ》なり、火なり、日なり
二《ふた》は力《ちから》なり、吹く呼吸《いき》なり
三《み》は体《たい》なり、元素なり
四《よ》は世界の世《よ》なり
五《いつ》は出《いづ》るなり
六《むゆ》は燃《もゆ》るなり
七《なな》は地成《ちな》るなり
八《や》は弥々益々《いよくいよますます》の意《い》なり
九《ここの》は凝《こ》り固《かた》るの意なり
十《たり》は完成《かんせい》の意なり
百《もも》は諸々《もろもろ》の意なり
千《ち》は光《ひかり》なり、血汐《ちしお》の血なり
万《よろづ》は夜出《よいづ》るの意なり

之《これ》を大括《たいかつ》して略解すれば、霊力体《れいりょくたい》によって世界が発生し、水火《すいか》の呼吸《いき》燃え上がり、初めて地成《ちな》り、弥々益々《いよいよますます》水火《すいか》の気凝《きこ》り固《かたま》りて、完全無欠の宇宙天界《てんかい》は完成され、諸々の地の光は暗夜《あんや》に出現して総《すべ》てのものの目に入《い》るといふ言霊《ことたま》にして、造化三神《ぞうかさんしん》の神徳を称《たた》へ奉《まつ》り、其《そ》の徳にあやかりて紫微天界《しびてんかい》と修理固成し、諸神安住の清所《すがど》に照らさむとの意を謳《うた》ひしものと知るべし。

（霊界物語　第七三巻　第十章　婚《とつ》ぎの御歌より）

以上のような「数霊」の意味に接した場合、例えば「一」が意味する「霊、火、日」をいくら集めても「二」の「力、呼吸」にならないことは自明である。それぞれは関連し合ってはいるものの、お互いに取って代わることは出来ないのである。

●「数霊」は「〇《レイ》（霊）」から生まれた

では、右のような「数霊」はどのようにして生まれたのであろうか？　その答えが「**〇《レイ》がもとぢゃ、◎《レイ》一がもとぢゃ、結びぢゃ弥栄ぢゃ**」という部分である。「〇《レイ》」は漢字では「霊」が当てられるだろうが、それが同時に「◎《レイ》一」のような「渦巻き状」の神文字になっているのは、正に渦巻きの如き「神力の発動・顕現」を表しているからであろう。

注意すべきは、ここでいう「霊」とは「世の元の大神」様に直結する「根源の霊力（神力）」ということであり、霊的存在の力なら何でもよいというような適当な話ではないことだ。そして「結びぢゃ弥栄ぢゃ」とあるように、霊力（神力）の発動は「陽と陰の結び」、つまり「ヽ」＋「〇」→「⦿」によって成就することに注意されたい。

このことを古事記神話の天地開闢《てんちかいびゃく》に当てはめれば、根元神である「天之御中主神《あめのみなかぬしのかみ》」の「陽」の働きを掌るのが「高御産巣日神《たかみむすびのかみ》」であり、「陰」の働きを掌るのが「神産巣日神《かみむすびのかみ》」であることに対応すると捉えられる。この二神の陽と陰が和すことによって宇宙が生成されていった訳である。

このような原理によって「数霊」も生まれたと思われるが、神といえどもその作業は困難を極めたようである。「**世の元、〇の始めから一と現われるまでは〇を十回も百回千回も万回も、繰り返したのであるぞ**」とあることが、このことを如実に物語っている。エイヤーとかガラガラポンでは「数霊」は生まれないのである。

では次の文節である。

その時は、それはそれでありたぞ、火と水のドロドロであったぞ、その中に五色五頭の竜神が御働きなされて、つくり固めなされたのぢや、今の人民は竜神と申せば、すぐ横を向いて耳をふさぐなれど、マコトのことを知らせねばならん時ざから、言分《ことわ》けて申しているのぞ、竜神とは◎神であるぞ、五色の竜神とは国常立 尊《クニトコタチノミコト》の御《おん》現われの一つであるぞ。

●五色五頭の竜神による地球の創造

「**その時は、それはそれでありたぞ**」とは奇妙な言い方であるが、全体の文意からこれは地球の創造（修理固成《つくりかため》とも言う）の時の状況を述べるための「前置き」と考えればよいだろう。つまり「地球の創造は次のようなものであった」というほどの「前置き」である。

その地球創造の状況とは、「**火と水がドロドロ**」と混じり合った泥のようなモノの中で、「**五色五頭の竜神が御働きなされて、つくり固めなされた**」ことによって成し遂げられたとある。我々から見ればこれは正に神話であってとても現実のこととは思われないが、神は「**マコトのことを知らせねばならん時ざから、言分《ことわ》けて申しているのぞ**」とある通り、「霊的な事実」として五色五頭の竜神の働きがあったと理解すべきであろう（なお「言分《ことわ》ける」とは分かるように説明することの意）。

なお「**竜神とは◎神であるぞ**」の「◎」も「渦巻き状」の神文字であるから、前述したように「神力の発動・顕現」を強調して表現していると考えられる。

もう一つ大事なことは、「五色五頭の竜神」が「**五色の竜神とは国常立《クニトコタチ》尊《ノミコト》の御《おん》現われの一つであるぞ**」と示されているように、これらの神々はそれぞれが全く別々の存在ではなく、国常立大神の「分霊、分身」と捉えるべき存在であることだ。神の本質は「一神《いっしん》即《そく》多《た》神《しん》即《そく》汎《はん》神《しん》」であるが、そのことが如実に示されている好例である。

最後の文節に移ろう。

> 戒律をつくってはならん、戒律がなくてはグニャグニャになると思うであろうなれども、戒律は下《げ》の下の世界、今の人民には必要なれど、いつまでもそんな首輪はいらんぞ、戒律する宗教は滅びると申してあろうがな。

●下《げ》の下である戒律が今の人民に必要な理由

最後の部分は「**戒律**」に関する教えである。ここでは「**戒律は下《げ》の下の世界、今の人民には必要なれど**」とあることが重要である。「戒律は下《げ》の下の世界」ではあるが「今の人民には必要」だということはつまり、「今の人民は下の下の世界にいる（＝そのような世界を自分たちで作り出している）」ことの裏返しだからである。このことは、「今現在は身魂が磨けていない人民ばかりである」と言い換えても同じことだ。

「**いつまでもそんな首輪はいらんぞ**」とは、早く身魂を磨いて、戒律がなくても（つくらなくても）よい世界を目指せ、という意味であろう。故に「**戒律する宗教は滅びる**」とは当然の道理である。「ミロクの世」にそんなものは存在しないのだから。

第三帖

高天原《たかあまはら》に千木高《ちぎたか》しりて仕《つか》へまつらむ。岩戸の開けたその当座は、不合理に思えることばかり出てくるぞ。逆様《さかさま》の世界が、この世界に入り交じるからであるぞ、親よりも子の方が早く目覚めるぞ、子が親となるぞ、逆様の世界と申しても悪の世界ではないぞ、霊の世界には想念のままにどんなことでも出来るのであるぞ、嬉しい、恐い世界が近づいて来ているのであるぞ。

〈考察〉

本帖の冒頭にも、次のような一文がある。

高天原《たかあまはら》に千木高《ちぎたか》しりて仕《つか》へまつらむ。

これは、第二帖の冒頭と同様に「片歌」である（五七七より文字数は多いが）。

内容は、高天原《たかあまはら》に千木《ちぎ》が高く聳《そび》える社《やしろ》を建立して、大神様に仕え奉るというものであるが、この後の帖文（「本文」と呼ぶ）と直接的な関連性はない。

次に本文の考察に移るが、本文は文節による区切りはない。

●岩戸が開けてもしばらくは不合理なことばかりが出て来る

本帖は、私が「基本十二巻」を解読して得た神仕組やその筋書きと完全に一致しているものであって、私にとっては実に嬉しくかつ有難い帖文である。解読も容易であった。

「**当座**」とは「しばらくの間」という意味であるから、「**岩戸の開けたその当座は、不合理に思えることばかり出てくるぞ**」とは「岩戸が開けてもしばらくの間は不合理なことばかりが出現する」、つまり「岩戸が開けたからと言って、直ぐに夢のような新世界（＝ミロクの世）が来るのではない」と述べているのである。

このことは、私がこれまでに書いた解説書やインターネットで発信して来たメールマガジンなどで述べて来たことと完全に一致している。

注意すべきは「当座」つまり「しばらくの間」の期間をどう見るか？　ということだが、人間心で「数年」程度のスパンで捉えたのでは全く不十分である。「神の当座」とは人間の感覚の何十倍、何百倍も長いと心得なければならないからだ。

日本の「岩戸開きのはじめの幕が開いた」のは、かつての大東亜戦争で日本が原爆を落とされた時であったが、それから今日までもう80年近くも経っているのである。しかし日本でも世界でも、まだまだ「不合理」がまかり通っているではないか。

また私は、日本において「平成」から「令和」への代替わりが「ミロクの世」の始まり（＝入り口に立ったこと）ではないか？　と考えているが、これとても同じである。「ミロクの世」の入り口に立っただけでは、「不合理」と「合理」が入り交じっているのが現実なのである。

「**逆様**《さかさま》**の世界が、この世界に入り交じる**」において「逆様の世界」とは、人間から見た逆様の世界のことであるから、これは「神の世界」のことであると捉えなければならない。何故なら、人間の道理が引っ繰り返っているために、これに入り交じる「逆様の世界」が「神の世界」ということになるからだ。

「**親よりも子の方が早く目覚めるぞ**」も、「逆様の世界」が入り交じって来ることによるものである。「目覚め」とは、勿論、霊的な目覚めのことである。

同様に「**嬉しい、恐い世界**」も「逆様の世界」が入り交じって来るからである。「逆様の世界」は神の世界であるから「真我」にとっては「嬉しい世界」である反面、「自我」にとっては「恐い世界」であるのは当然だ。

第四帖

罪穢《つみけが》れ、今はあらじと祓《はら》へ給《たま》ひそ。空白とは九八九であるぞ、八と九、九と八の境を開くことが岩戸を開くことぢゃ、空白とは最も根本をなす最も力あることであるぞ。

〈考察〉

罪穢《つみけが》れ、今はあらじと祓《はら》へ給《たま》いそ。

冒頭の一文も「五七七」の律であって「片歌」である。概略の意味は、「罪も穢れも今この時に無くなるようにお祓いください」ということであるが、これに続く本文と直接の関連性はない。

では本文の考察に移る。

●空白（九八九）とは根本の神力

本帖のキーワードは「空白（九八九）」であるが、これは勿論「何もない」ことではない。「**空白とは最も根本をなす最も力あること**」と示されていることから、これは第二帖に登場した「〇《レイ》」及び「◎一《レイ》」と同義であると考えるべきものである。

要するに「世の元の大神」様に直結する根源の霊力（神力）を意味しているのであって、

「〇《レイ》」が「最も根本をなす神力（静的状態）」に対応し、「◎一《レイ》」が「最も力あること（神力の発動顕現、即ち動的状態）」に対応していると捉えられる。

本帖で最も難解な部分は、「**八と九、九と八の境を開くことが岩戸を開くことぢゃ**」とある部分であろう。これを解くには「八」と「九」に秘められた神意を理解しなければならないが、ここでは第二帖で「数霊」の一例として取り上げた『霊界物語』の中の数霊の意味をそのまま用いることには無理がある。

何故なら、『霊界物語』における「八」の意味は「弥々益々《いよいよますます》」であり、「九」は「凝《こ》り固《かた》る」の意であるが、これを適用しても「八と九、九と八の境を開く」ことの意味を採りようがないからである。

よって私は、ここでいう「八」は「八方世界」を意味する八、すなわち「地上世界」のことを指していて、また「九」は「地上世界」から次元上昇した「新世界（ミロクの世）」を意味する「十」のひとつ前の数、つまり「八（地上世界）」から「十（ミロクの世）」に至る間の数であると捉えたい。

つまり「十（ミロクの世）」に至るには、必ず「立て替えの大峠」という苦難を乗り越えなければならないことから、「九」は「苦、苦難」を意味すると同時に、それによって「身魂」が磨かれることも同時に意味していると解釈するのである。

このように捉えれば、「**八と九、九と八の境を開く**」とは、八である「地上世界」が混沌の極みに至ることにより、それは「九（苦、苦難）」であると同時に、それによって「身魂磨き」が深化することだと解釈される。

これが「**岩戸を開くこと**」に通じるのは、神仕組上の根本原理である以上当然のことだ。

このように「**九八九（空白）**」に込められた意味は、極めて広く深いのである。ひとつの数に様々な意味を持たせるのは、神界の神々が意思を伝達する場合の基本的手段であることを忘れてはならない。

第五帖

八塩路《やしほじ》の塩《しお》の八百会《やほあい》母いますくに。天の声あるぞ、地の声あるぞ、和して十の日月地と現われるぞ。五十人の仁人が出て来るぞ、仁人とは神人《かみひと》のこと、この仁人が救世主であるぞ、救世主は一人ではないぞ。各々の民族に現われて五十人であるなれど、五十という数に囚《とら》われるなよ、五十人で一人であるぞ、数に囚われるとわからんことになり、岩戸閉めとなるから気つけおくぞ。

〈考察〉

八塩路《やしほじ》の塩《しお》の八百会《やほあい》母いますくに。

冒頭文は「五七七」の律による「片歌」である。「大海原の遥か彼方に母の住む国がある」というような意味であろう。ただ、内容からして本文とは無関係である。

ではここから本文の考察であるが、最初は次の短い一文からである。

天の声あるぞ、地の声あるぞ、和して十の日月地と現われるぞ。

●天の声と地の声が和して十となる

「**天の声**」と「**地の声**」が「**和**」して「**十の日月地と現われる**」とは、「天」が「ヽ」であり、「地」は「〇」であるから、両者が結ばれて「十（完全）な日月地（の神）」になる、という意味であると考えられる。

つまり次の図式で表されるから、これは「一厘の仕組」にも通じるものである。

「ヽ」＋「〇」＝「☉」

「十」は「ミロクの世」の意味でもあるが「完全」という意味も有しているので、「日月地」とは「日（ヽ、陽）」と「月（〇、陰）」が「地上世界」において和する（結ばれる）ことによって「完全な状態（☉）になる」の意に解されるのである。
つまりは地上世界で「陽」と「陰」が結ばれて次元上昇し、新世界（ミロクの世）へ至ることを暗示しているのである。

続いて、本文の残り全部について考察する。

> 五十人の仁人が出て来るぞ、仁人とは神人《かみひと》のこと、この仁人が救世主であるぞ、救世主は一人ではないぞ。各々の民族に現われて五十人であるなれど、五十という数に囚《とら》われるなよ、五十人で一人であるぞ、数に囚われるとわからんことになり、岩戸閉めとなるから気つけおくぞ。

●五十人の救世主が登場する

冒頭に「**仁人**」が登場しているが、これはまた「**神人**《かみひと》」のことであり「**救世主**」でもあると示されている。よって、等式で結べば次のようになる。

仁人＝神人＝救世主

これは如何なる存在なのか？

「救世主」と聞けば、例えばキリスト教なら「イエス・キリスト」、イスラム教なら「ムハンマド（マホメット）」、仏教なら「釈迦」などをイメージするが、彼らはその宗教においては唯一の存在である。数《かず》的にはただ一人である。

しかし本帖では**「五十人の仁人」**とか**「救世主は一人ではないぞ」**のように示されているから、「仁人（神人、救世主）」の数は複数（本帖では五十人）存在することになる。

日月神示の神仕組全体から考えれば、この「仁人（神人、救世主）」の役割は、当然ながら地上世界における神仕組進展の役割を担う「因縁の身魂」であると考えられるものだ。しかもこれら「仁人」は「救世主」の役割を担うのであるから、「因縁の身魂」たちの中でも特に霊格の高い人物ということになるであろう。このように考えれば、必然的に次の神示を想起するのは私だけではないはずだ。

マコトの者は千人に一人ざぞ

（第八巻「磐戸の巻」第十二帖）

この神示が示す「**マコトの者**」が「仁人」であり「神人」であり「救世主」であると捉えれば、全体としてスッキリした解釈になることは間違いない。前述したように、このような者たちは本来的に「高い霊格の持ち主」であって、最初から「救世主」的な役割を持って地上世界に生まれて来た身魂だと考えられる。

ただここで「**千人に一人**」とは、必ずしも文字通りの意味ではなく、「非常に少ない」という意味に捉えた方が、現実的であると思われる。きっちり「千人に一人」では窮屈過ぎるきらいがある。

なお「千人に一人」を割合にすると「0・1％」であるから、これは「一厘」と同じことである。特に霊格が高く、それ故に数が少ない「千人に一人（＝一厘）」位の「因縁の身魂」が働くことによって、神の「一厘の仕組」が進展することになると思われる。

勿論このような「仁人」が出現するのは、神国日本だけではない。「**各々の民族に現われて五十人である**」と示されているから、世界中に出現するのは間違いない。「各々の民族」の中で救世主的な働きをするのであろう。

●五十という数に囚われるとわからなくなる

さて問題は「**五十（人）**」であるが、ここでは何と言っても「**五十という数に囚《と》われるなよ**」、また「**数に囚われるとわからんことになる**」と示されていることが極めて重要である。

ここでいう「五十という数」とは、要するに「五十人」とか「五十個」のように「数えられる」ことを意味しているから、「これに囚われるな」とは、「五十という人数に囚われるとわからんことになる」、つまり「本質を見失う」と述べているのである。しかもそれは「**岩戸閉めとなる**」とまで断言しているのだから尋常《じんじょう》ではない。

では「五十」とは何か？　何故「五十」なのか？　ということだが、これは第一帖に登場した「五十」と同様に捉えるべきであろう。第一帖に登場した「五十」を振り返ると、「五十」は単独で存在するもの（或いは単独で何らかの意味を持つもの）ではなく、「**（五は）開けば五十となり、五百となり、五千となる**」こと、また「**握れば元の五となる**」とあるように、根本数である「五」が顕現して具体化したものなのである。

そして根本数である「五」は「◉」のことであり、「天の中の元のあり方」であり、「世の元の大神」様に直結するものであった。よって「五十」とは根本数の「五」である「世の元の大神」様の神力が顕現して「五十」になったものであると解されるのだ。

要するに「世の元の大神」様の御神策が「五」から「五十」へと、一段階具体的なカタチとなって発現することであるから、「五十人の仁人」とは神仕組やそのプロセスの進展に使われる神人、という意味になる。

このように「五十」とは「頭数《あたまかず》」のことではなく、「(世の元の大神様の)神力の顕現・拡大」という「働き、役割」を指していると捉えれば、**「五十人で一人であるぞ」**という謎の一節も矛盾なく理解することが出来る。「五十人の仁人」とは、究極の所、「世の元の大神」様という根源に収斂《しゅうれん》することになるからだ。

第六帖

はらひため千城百国精治万歳。三年と半年、半年と三年であるぞ、その間は暗闇《くらやみ》時代、火を灯《とも》しても暗いのであるぞ、明るい人民には闇でも明るい、日は三日と半日、半日と三日、次に五年と五年ぢゃ、五日と五日ぢゃ、このこと間違えるでないぞ。手足の爪まで抜きとられ、あるにあられん、むごいことにされて追いやられたのであるが、マコトはマコトぢゃ、時めぐりきて、我《が》が取れたので、光が射《さ》し初《そ》めたのぢゃ、岩戸が開けたのぢゃ。神が苦しむ時は人民が苦しみ、人民苦しむ時は神も苦しむのぞ。世界中の苦しみ、地上の苦しみ、天上の苦しみぞ、この大峠を越してから大いなる試しがあるぞ、人の心の難しさ、計り知れんほどであるなれど、見て御座れ、見事なこと致して見せるぞ。

〈考察〉

はらひため千城百国精治万歳。

この冒頭文も「片歌」であると思われるが、内容は非常に難解である。特に「**千城百国精治万歳**」は私も初めて目にしたものである。この片歌も本文の内容と直接の関係はないようだが、それとは別にこの「千城百国精治万歳」については興味本位でインターネット検索によって少し調べて見たので、参考までに紹介しておきたい。

これは一般の祝詞などには登場しない（使わない）文言であって、6月と12月の晦日《みそか》の大《おお》祓《はらえ》の神事に際し、天皇の長寿と御世の隆昌とを祝福するために読まれた呪文「**東文忌寸部献横刀時呪**」の中の一節である。その解説を見てみよう。

東文《やまとのふみの》忌寸《いみき》部《べ》献横刀《のたちをたてまつる》時呪《ときのじゅ》解説

東文忌寸部献横刀時呪とは、「やまとのふみのいみきべのたちをたてまつるときのじゅ」と読み、神道における呪文のひとつ。六月と十二月の晦日の大祓の当日、皇族以下百官有司が祓所に集る前に、大和と河内の文部が内裏の庭上に参候し、天皇に祓刀と人形を奉る際に漢音で読まれる。天皇は、この祓刀と人形とを受け、息を吹きかけて自身の災禍を移し憑け、祓をなしたといわれている。『神祇令義解』には、凡六月、十二月の晦日の大祓には、中臣は御祓麻を上れ、東西の文部は、祓刀を上り、祓詞を読め、訖りなば、百官男女を祓所に聚め集へて、中臣は祓詞を宣り、卜部は解除を為よ、とある。

この呪文の内容は、道教を背景にしたもので、全体が四文字語句で構成されている。これを奏することによって、天皇の長寿と御世の隆昌とを祝福したといわれる。

東文忌寸部献横刀時呪全文

謹請、皇天上帝、三極大君、日月星辰、八方諸神、司命司籍、左東王父、右西王母、五方五帝、四時四氣、捧以銀人、請除禍災、捧以金刀、請延帝祚、呪曰、東至扶桑、西至虞淵、南至炎光、北至弱水、千城百國、精治萬歳、萬歳萬歳

読み

謹《つつし》みて請《こ》ふ、皇天上帝《こうてんじょうてい》、三極大君《さんきょくたいくん》、日月星辰《じつげつせいしん》、八方《はっぽう》の諸神《しょしん》、司命司籍《しめいしじゃく》、左《ひだり》は東王父《とうおうふ》、右《みぎ》は西王母《さいおうぼ》、五方五帝《ごほうごてい》、捧《ささ》ぐるに銀人《ぎんにん》を以《もっ》てし、禍災《かさい》を除《のぞ》かむことを請《こ》ふ、捧《ささ》ぐるに金刀《きんとう》を以《もっ》てし、帝祚《ていそ》を延《の》べむことを請《こ》ふ、呪《じゅ》して曰《い》はく、「東《ひむがし》は扶桑《ふそう》に至《いた》り、西《にし》は虞淵《ぐえん》に至《いた》り、南《みなみ》は炎光《えんこう》に至《いた》り、北《きた》は弱水《じゃくすい》に至《いた》る、**千城百國《せんじょうひゃくこく》**、**精治萬歳《せいちまんざい》**、萬歳萬歳《まんざいまんざい》」

この呪《じゅ》によれば、「千城《せんじよう》百國《ひやくこく》、精治《せいち》萬歳《まんぜい》」とは、天皇の国が隅々までよく治まって、そのことを「萬歳萬歳《まんぜいまんぜい》」と祝福しているという意味になる。「千城《せんじよう》百國《ひやくこく》」とは「千の城」と「百の国」のことであるから「天皇の治める広大なる国」のような意味であろう。

日月神示に「千城百國」が登場している理由は、「天皇の国」と「てんし様の国」を重ねているからではないだろうか。

なお「**呪**」には使い方によって、相反する二つの意味があることに注意が必要である。「呪う」の訓読みは「のろう」と「まじなう」であるが、「のろう」は恨んだり憎んだりする者に、災いがあるように神仏に祈ることであり、一方の「まじなう」は神仏や神秘的なものの力を借りて災いや病気から逃れるようにすることである。本帖では勿論、後者の意味で使われている。

以上が「千城百国精治万歳」に関する情報である。参考までに。

それでは残った本文の神意を考察する。

三年と半年、半年と三年であるぞ、その間は暗闇《くらやみ》時代、火を灯《とも》しても暗いのであるぞ、

明るい人民には闇でも明るい、日は三日と半日、半日と三日、次に五年と五年ぢゃ、五日と五日ぢゃ、このこと間違えるでないぞ。手足の爪まで抜きとられ、あるにあられん、むごいことにされて追いやられたのであるが、マコトはマコトぢゃ、時めぐりきて、我《が》が取れたので、光が射《さ》し初《そ》めたのぢゃ、岩戸が開けたのぢゃ。神が苦しむ時は人民が苦しみ、人民苦しむ時は神も苦しむのぞ。世界中の苦しみ、地上の苦しみ、天上の苦しみぞ、この大峠を越してから大いなる試しがあるぞ、人の心の難しさ、計り知れんほどであるなれど、見て御座れ、見事なこと致して見せるぞ。

●国祖様の我《が》が取れて岩戸が開いた

本文はかなり難解である。神仕組とその筋書きをある程度理解していなければ、本文の解読解釈はほとんど無理だと言ってもよいだろう。

まず本帖には「**三年と半年**」とか「**五年と五年**」のように時間的な長さで示される箇所があるが、日月神示を単に「予言書」と見ている研究者などは、この数値を最重要なものと捉えているようである。予言であれば、記述されている年数や時期は予言解読の重要な手掛かりになるからであろう。

しかし私は何度も強調しているが、日月神示は単なる予言書などではない。予言であれば「当たった」とか「外れた」という程度の話で済むが、日月神示の本質は「神仕組の書」であるから、必ず神仕組の通りになることが大前提としてあるのだ。誰一人としてこの仕組の外に逃れることは出来ない。

その意味で本帖の核心は、「**手足の爪まで抜きとられ、あるにあられん、むごいことにされて追いやられたのであるが、マコトはマコトぢゃ、時めぐりきて、我《が》が取れたので、光が射《さ》し初《そ》めたのぢゃ、岩戸が開けたのぢゃ**」という部分にあると考えられる。つまり、「(地上世界の日本に) 光が射し初めて岩戸が開けた」ということが、本文全体のバックボーンとなっているのである。

では「手足の爪まで抜きとられ、あるにあられん、むごいことをされて追いやられた」のは誰のことか？　と申せば、それは間違いなく「国祖様(国常立大神)」である。

太古の昔、国祖様は自らの「我《が》」が強過ぎて神政に失敗し、天の大神に対する邪神・悪神らの直訴によって追放されたのであるが、時巡り来て「我《が》」が取れたために復活復権を果たし、地上世界の日本に再び神の光が射し込んで「岩戸」が開けたのである。

では、日本の「岩戸開きのはじめの幕開け」はいつだったか？ と言えば、それは昭和20年8月6日、広島に原爆が投下された日であった。それを示しているのが次の神示である。

岩戸開きのはじめの幕開《あ》いたばかりぞ。今度は水逆さに戻るのざから、人民の力ばかりでは成就せんぞ。奥の神界では済みているが、中の神界では今最中ぞ。時待てと申してあろうが。人民大変な取り違いしているぞ。次の世の型急ぐ急ぐ。

（第十二巻「夜明けの巻」第十一帖、昭和二十年八月六日）

この神示は私の本や講演会、セミナー、或いはメールマガジンなどで何度も取り上げて来たものであるから読者にもお馴染みのものであろう。ご覧の通り、昭和20年8月6日に降ろされているが、冒頭には「**岩戸開きのはじめの幕開《あ》いたばかりぞ**」とある。

私は「岩戸開き」の直接のきっかけとなったものが、同年同日、広島に投下された人類初の「原爆」であると解釈し発表して来たが、いつ考えてもあまりにも巨大な逆説と言う他ない。

ともかくこうして日本の「岩戸開きのはじめの幕」が開いたのであるが、勿論これで全てが完成成就した訳ではない。そのことは何よりも本帖（第六帖）において「**その間は暗闇《くらやみ》時代**」であるとか「**世界中の苦しみ、地上の苦しみ、天上の苦しみぞ**」などと示されているように、「岩戸」が開いてもまだまだ苦難の時代は続くことがハッキリと読み取れるからだ。

日月神示の信奉者やファンの多くはここの所がよく分かっておらず、誤解しているように見受けられる。「岩戸」が開いたのであれば、そこから全てが善くなる一方に違いないとか、またそうでなければならないという思い込みに陥っているのであろう。

しかしよく考えて頂きたい。全てがドンドン善くなる一方でないことは、人民のほとんどが「体主霊従、我れ善し」の性来にどっぷり浸かったままであることを見ても明らかではないか。「身魂」が磨かれていない者が、「(自分はそのままで) これから何もかもが善くなる」などと甘い期待を持つことが既に間違っている。余計に「メグリ」を積むだけである。

全ての人間は「身魂磨き」の深化の程度によって、最後は神によって合否を判定されることを忘れてはならない。「岩戸」が開いたということは、今後（転生による）「身魂磨き」のやり直しはない（出来ない）ということであるから、人民にとっては今回が卒業試験でありラストチャンスなのである。

「その間は暗闇《くらやみ》時代」とか「世界中の苦しみ、地上の苦しみ、天上の苦しみぞ」とあるのは、全ての人間が自分の「メグリ」と対峙して「身魂」を磨くことの大変さ、困難さを表したものなのである。

●何故「大峠」の後に「大いなる試し」があるのか？

さて、以上のことを胸に落とし込んで、残りの部分の解読に挑戦してみよう。順序が逆になるが、後半の「**この大峠を越してから大いなる試しがあるぞ**」から見て行こう。

普通に考えれば「大峠」を越してから「大いなる試し」があるのはおかしいのではないか？と思うだろうが、それは「大峠」には三つの段階があることが分かっていないからである。

「大峠の三段階」とは、次のことを指している（詳細は第三巻「富士の巻」第二十四帖参照）。

◎第一段階：神国日本が（霊的に）滅亡寸前まで追い込まれる

◎第二段階：地球規模の超天変地異が襲来し、全人類が死に絶える（肉体死）
◎第三段階：身魂磨きが深化したと認められる者だけが神の息吹によって甦《よみがえ》る

前述の「この大峠を越してから大いなる試しがあるぞ」の中で、「大いなる試し」がこの三段階のうちどれに該当するかを考えると、それはやはり第二段階の「地球規模の超天変地異による全人類の死（肉体死）」が最も適合するであろう。これには一人の例外もないから、「大いなる試し」と言うに相応《ふさわ》しいものだ。

すると「この大峠を越してから」の「大峠」とは、第一段階の「神国日本が（霊的に）滅亡寸前まで追い込まれる」ことを指しているのだと分かる。

「大峠の第一段階」では日本人の霊性がコテンパンに破壊され、本来の気高い霊性（大和魂）や精神性をなくしている（忘れている）状態を指すが、このまま第二段階の「超天変地異」が襲来するのではない。

何故なら、日本人の霊性が覚醒しないまま超天変地異が襲来したのでは、新世界（ミロクの世）に必要な神人がほとんど存在しなくなってしまうからである。これでは神仕組も何もあったものではない。

つまりこのことを裏読みすれば、第一段階で日本（人）が霊的に滅亡寸前まで追い込まれるのは「メグリ取り」のためであり、それによって「身魂磨き」を深化させるためだということになる。**「その間は暗闇《くらやみ》時代、火を灯《とも》しても暗いのであるぞ」**とは、人民がそれぞれの「メグリ」に翻弄《ほんろう》される状態を指し、また**「明るい人民には闇でも明るい」**とは「身魂磨き」が深化して霊的な覚醒に至った者のことである。

繰り返すが、これが「**岩戸が開けた**」後の人民の状態であることを忘れてはならない。

●「三年と半年、半年と三年」の謎解き

では「三年と半年」、「五年と五年」などの期間について考えて行こう。まず「**三年と半年、半年と三年であるぞ**」と「**日は三日と半日、半日と三日**」とある部分については、私はどちらも「大峠の第一段階」を意味する期間であると考えている。

では、何故異なる期間が登場しているかと言えば、それはつまり「**人間にとっての三年と半年**」は「**神にとっての三日と半日**」のような関係になっていると考えられるからだ。霊界には

時間と空間がないとされているから、人間にとっては非常に長い時間であっても、神にとってはホンの一時《いっとき》に収まる、ということだと思われる。

ただこのことは、例えば「神の一日」が「人間の一年」のように、「ある一定の比率」によって定められていると決めつけるのではなく、もっと柔軟に捉えるべきものであろう。「神の一日」は、人間にとっての「一年」かも知れないし、状況によっては「十年」にも「百年」にもなると捉えなければならないということである。

私がこのように考えることの理由は、実は第一帖にある。第一帖には「**五のイシがモノ言うのであるぞ、開けば五十となり、五百となり、五千となる。握れば元の五となる**」と示されていたが、これは根本数の「五」が「五十→五百→五千」のように自由自在、融通無下《ゆうづうむげ》に顕現拡大することを意味していた。従ってこれに倣《なら》えば、「神の時」もこのように変化することが当然の道理だと考えられるからである。

それともう一つ、日月神示の別の巻に、次のように示されていることも重要な手掛かりとなっている。

◉には何もかも仕組みてあるから、心配ないぞ。改心出来ねば気の毒にするより方法ないなれど、待てるだけ待っているぞ。

（第十四巻「風の巻」第十二帖）

待てるだけ待っているが、世潰すわけには行かん

（第二十巻「梅の巻」第二十四帖）

この2例の神示には「**待てるだけ待っている**」とあるが、神は何を待っておられるのだろうか？　それは言うまでもなく、人民の「身魂磨き」の深化進展である。これ以外にはない。「身魂磨き」の深化進展は人民の一人一人が自己責任で行なわなければならないから、神であっても強制力を働かせることは絶対に出来ないのである。もしそんなことが可能なら、日月神示を降ろして「身魂を磨け」とか「メグリを取れ」などと示す必要もないではないか。

つまり神の計画や仕組みであっても、地上世界の人民の「身魂磨き」が遅れている場合は、神仕組そのものを元々の計画より遅らせる（先延ばしにする）ことがあり得ると述べているのである。当然これも「神の時間」が変化することの原因の一つである。

では「**三年と半年、半年と三年であるぞ**」が示す期間をどのように考えればよいのだろうか？「三年と半年、半年と三年」を、「同じ期間を引っ繰り返して述べている」と取れば全体で「三年半」であるし、「三年と半年」と「半年と三年」が別々の期間（前段と後段）だとすれば、全体で「七年」となる。

私は後者の「七年」が正しいと考えている。と言うのは「七」の言霊的意味が「成る」であるからだ。「七」には「大峠の第一段階」が完成（成就）する、という神意が込められていると見ている。

敢えて繰り返すが、この「七年」を文字通りの（人間の時間でいう）「七年間」と固定的に捉えてはならない。

「大峠の第一段階」では日本（人）の霊性が徹底的に落とされるが、その裏ではそれによって多くの日本人が「身魂磨き」を深化させて、霊的覚醒に至らなければならない。

その「大峠の第一段階」がいつ始まったのかと言えば、それは日本が大東亜戦争に負けて連合国に占領支配された時からである。その時からGHQの占領政策と東京裁判史観によって、日本人の霊性は完膚なきまでに破壊される道を踏み出したからである。

そのようになってしまった日本人が本来の霊性を取り戻し、霊的覚醒に至るための期間がたった「七年」で済むはずがないのである。このことは、現実に自らの「メグリ取り」に奮闘している者なら誰でも容易に分かるはずだ（勿論、私自身も同様に感じている）。

仮にもし、たった「七年」で身魂が十分に磨けるものなら、日本も世界もとっくに「大峠の第一段階」を超えて、次の段階に入っていなければならないが、全くそんな状態でないことは誰の目にもハッキリしている。このように「七年」では明らかに短過《みじかす》ぎるのである。

ではどのくらいの期間ならよいのかと言えば、さすがに「七百年」では長過ぎるから、間を取る形になるが、この場合の「神の七年」は「人間世界の七十年」程度ではないかと考えている。具体的には、日本が大東亜戦争に負けた１９４５年から凡そ70年間が「大峠の第一段階」の期間に該当するという解釈である。つまり１９４５年から70年後の２０１５年頃までが「大峠の第一段階」ではないか？　ということだ。

勿論、前述したように「神は待てるだけ待っている」と示されているから、２０１５年で明確な線引きが出来るものではなく、或る程度の猶予期間が発生するのは現実問題として当然である。なにせ「コト」は、人間の所業（身魂磨き）そのものにかかっているのだから。

現実の日本と世界の変化を見ていると、「七十年」が適合するように思われてならないが、如何であろうか？

●「五年と五年、五日と五日」の謎解き

今度は「**次に五年と五年ぢゃ、五日と五日ぢゃ**」について見て行こう。まず「**五年**」と「**五日**」については、前述したように「人間の五年」と「神の五日」と同様の関係で捉えたい。つまり「人間の五年」は神にとっては「五日」位であるという関係である。

また「**五年と五年**」は「**三年と半年、半年と三年**」と同様に、「前段の五年」と「後段の五年」と考えて、全体で「十年」と解釈するのが適切であると思っている。

では「五年と五年（合計十年）」は、具体的に何を表している期間であろうか？　これを考える時、日月神示の別の巻にハッキリ「十年」と示されているものが降ろされているので、これがよい参考になる。次のものだ。

子《ね》の年真中にして前後十年が正念場、世の立替は水と火とざぞ。

（第八巻「磐戸の巻」第十六帖）

この神示で述べていることは、「立て替えの大峠の正念場」が「子の年を中心にした前の五年と後の五年の合計十年」であるということであるから、前述した「大峠の第一段階」と密接に関連するものであることは間違いない。つまり「三年と半年、半年と三年」で表される約七十年間に及ぶ「大峠の第一段階」の「正念場」は、「子の年の前後十年」である、という解釈になる。

このことは、「次に五年と五年ぢゃ」と示されているように、「三年と半年、半年と三年」の「次」に「五年と五年」が来るのであるから、神仕組の順序としてもピタリと一致するのである。

そしてこの場合の「五年」を五十年や五百年としたのでは「五十年（五百年）と五十年（五百年）」となって、第一段階の七十年という期間を遥かにはみ出してしまうから、この「五年」はピタリ五年間と捉えるべきなのである。

「**このこと間違えるでないぞ**」と警告されているように、「数」を人間の常識によって固定的、或いは杓子定規《しゃくしじょうぎ》的に解釈してはならないのだ。とは言え、これによって解釈の幅が広がることにもなるから、解読が余計に難しくなってしまうのは事実であるが。

今の所、私自身はこのように解いているが、無論、これが絶対に正しいと言い切れるものではない。ただ「五十黙示録」が如何に秘義的であり深遠な内容であると言っても、「基本十二巻」に降ろされている神仕組やその筋書きなどと全くの別物でないことは確かなことである。この意味で、私の解釈はこれまで解き明かして来たことと何ら矛盾するものでないことは強調しておきたい。

最後に示された「**人の心の難しさ、計り知れんほどであるなれど、見て御座れ、見事なこと致して見せるぞ**」は文字通りの意味に採ってよいと思うが、「人の心の難しさ」が「計り知れん」ことは、私自身も痛感していることである。「身魂磨き」に精進している読者も同様ではないだろうか？

繰り返すが、だからこそたった「七年間」で日本人の霊的覚醒が成就する訳がないのである。

※補足

「**子《ね》の年真中にして前後十年が正念場**」において、「前後十年」の解釈には実は二通りある。

一つは「子の年」の「前十年」と「後十年」を指すと捉えるもので、これだと合計「二十年」になる。正念場の期間が二十年間になるということだ。そしてもう一つは、これまで述べて来たように、子の年の「前五年」と「後五年」を合わせて「十年」とするものである。

文章表現上からは両方の意味に採れるが、中矢伸一氏の調査により、出口王仁三郎が「前五年」と「後五年」の合計「十年」であると明言していることが分かっているので、私もこれに従っている。

また「子の年」は必ず十二年毎に巡って来るから、「前十年」と「後十年」説では、直近過去と直近未来の「子の年」までのそれぞれの十二年間のうち十年間が重なることになり、「正念場」と言うには期間が長過ぎてあまりにも不自然である。

第七帖

岩隠れし比売《ひめ》のミホトは焼かへ給いて。三分の一の人民になると、早うから知らせてありたことの実地が始まっているのであるぞ。何もかも三分の一ぢゃ、大掃除して残った三分の一で、新しき御代《みよ》の礎《いしずえ》と致す仕組《しくみ》ぢゃ、三分難しいことになっているのを、天の神にお願い申して、一人でも多く助けたさの日夜の苦心であるぞ、堪忍《かんにん》の堪忍、我慢《がまん》の我慢であるぞ、九の㋹の花咲くぞ。

〈考察〉

岩隠れし比売《ひめ》のミホトは焼かへ給いて。

本帖でも冒頭に「片歌」が収められている。「**岩隠れし比売《ひめ》**」とはイザナミ神のことで、「ミホト」を焼かれて死んだことを表したものである。「岩隠れ」とは、この場合は「死」の意味であると解される。この後に続く本文の内容と直接の関係はない。

では本文の考察に移るが、二つのテーマがあるので文節毎に区切って進めることにしたい。最初の文節は次のものである。

三分の一の人民になると、早うから知らせてありたことの実地が始まっているのであるぞ。何もかも三分の一ぢゃ、大掃除して残った三分の一で、新しき御代《みよ》の礎《いしずえ》と致す仕組《しくみ》ぢゃ。

●大掃除によって何もかも三分の一になる

この帖文には「**三分の一の人民になる**」、「**何もかも三分の一**」さらに「**大掃除して残った三分の一で、新しき御代《みよ》の礎《いしずえ》と致す仕組《しくみ》**」などとあることから、新世界（＝ミロクの世）の人口は今の三分の一ほどになることが読み取れる。

世界人口は2022年中には80億人に達すると見込まれているようなので、これを基準に単純計算すれば、新世界では25億人ほどの人口になるということであろうか？

では、「新しき御代《みよ》の礎《いしずえ》」となる人民がどの様にして選ばれるのかと言えば、それは「大掃除して残った三分の一」とあるから、これは疑いもなく「身魂磨き」の深化進展の度合によって選ばれる（＝神が判別する）ことになる。抽選でもなければ、お金を積めば叶うものではないのである。

だからこそ日月神示には、これでもかと言うほど「身魂を磨け」と出て来るのである。

ところで「何もかも三分の一ぢゃ」と示されているから、これは人間だけではなく、他の動植鉱物などもすべてが三分の一になると解釈することも出来るように思われる（しかしそれが単に「数」だけなのか、それとも「種類」も含めてのことなのかは不明である）。

何れにしろ、本当に「何もかもが三分の一」になるのであれば、ひょっとして「新しい地球の大きさ」も（今の地球の）三分の一くらいになるのであろうか？

私はこれまで、新世界に行ける者の「定員、定数」は決まっておらず、一定程度「身魂」が磨けた者なら誰でも行ける（はずだ）と考えて来たが、「何もかも三分の一」ならば、「ミロクの世」の人口にも限度があることになるから、「身魂」の磨けた者なら誰でも行けるとは簡単には言えないことになる。

従って正しくは、「三分の一の範囲に入る程度まで身魂が磨けた者」ということになるだろう。

では二つ目の文節に移る。

三分難しいことになっているのを、天の神にお願い申して、一人でも多く助けたさの日夜の苦心であるぞ、堪忍《かんにん》の堪忍、我慢《がまん》の我慢であるぞ、九の⦿の花咲くぞ。

●神は一人でも多く助けたい

前節では「三分の一の人民になる」とあったが、現状では「**三分難しいことになっている**」と示されている。この原因は言うまでもなく、人民の「身魂磨き」が神の期待（？）よりも遅れているからに他ならない。

このため、国祖様（国常立大神）が「**天の神にお願い申して**」、「**一人でも多く助けたさの日夜の苦心**」をされているのである。つまりこれが、前帖でも登場した「（神は）**待てるだけ待**

っている」ということに通じるのである。

最後の「**九の⦿の花咲くぞ**」は、「九」を「苦、苦難」と解し、「苦の⦿の花咲くぞ」と解釈したい。「九（苦）」は「メグリ」と対峙してこれと闘うことから生じる苦であるが、これによって「身魂」が磨かれ、「⦿の花」が咲くのであるから。

第八帖

平坂の岩戸ひらけむ音のきこゆる。神に怒りはないのであるぞ、天変地異を神の怒りと取り違い致してはならん。太神は愛にましまし、真にましまし、善にましまし、美にましまし、数にましますぞ。またすべてが喜びにましますが故に怒りはないのであるぞ、もし怒りが出た時は、神の座から外れてしまうのであるぞ。救いの手は東《ひむがし》より差し延べられると知らしてあろが、その東とは東西南北の東ではないぞ、このことよくわかりて下されよ。今の方向では東北《うしとら》から救いの手が差し延べられるのぢゃ、ウシトラとは東北であるぞ、ウシトラコンジンとは国常立尊で御座るぞ、地の元の、天地の元の元の元の神ぞ、始めの始め、終わりの終わりぞ、弥栄の弥栄ぞ、礎《いしずえ》ぞ。

〈考察〉

平坂の岩戸ひらけむ音のきこゆる。

冒頭の文はこれまでと同様「片歌」である。「**平坂**」とは「黄泉比良坂《よもつひらさか》」のことであろう。この坂は黄泉国《よみのくに》と地上世界の境界とされるが、ここが「千引きの岩戸」で塞がれ、イザナギ神とイザナミ神が離別したことが「最初の岩戸閉め」であることは、読者も御存知の通りである。その「岩戸」が開く時が訪れてその音が聞こえる、というのが全体の意味であろう。ただこれまでと同様に、この片歌と本文には直接の関連は見られない。

次に本文の考察に移るが、本帖は大きく二つのテーマに区切られるので、その文節毎に見て行くことにする。最初は次の文節からである。

神に怒りはないのであるぞ、天変地異を神の怒りと取り違い致してはならん。太神は愛にましまし、真にましまし、善にましまし、美にましまし、数にましますぞ。またすべてが喜びにましますが故に怒りはないのであるぞ、もし怒りが出た時は、神の座から外れてしまうのであるぞ。

●天変地異の根本原因は何か？

この文節の帖文には特に難解な文章はなく案外サラッと読めるし、意味もそれなりに採ることが出来る。「黙示録」という割には常識的な内容であると感じられる読者も多いのではないだろうか？

だが表面的な読み易さに騙されてはいけない。実際には深遠な神理が秘められている。

まず「**神に怒りはないのであるぞ、天変地異を神の怒りと取り違い致してはならん**」とは如何なる意味であろうか？　表面的な意味は「天変地異は神の怒りによって引き起こされるものではない」ということだが、ここで「ハイ分かりました」と言ってしまえばそれ以上の進展はない。

「天変地異」が「神の怒り」によるものでないとしたら、「偶然」によって起こるのだろうか？　勿論これも違う。神仕組に偶然はあり得ないからだ。では「天変地異」が起こる「根本原因」とは何か？　とここまで突っ込まなければ本帖を読む意味がないのである。

結論から申せば、「天変地異」の「根本原因」は「人間」にある。

このことを神は、別の巻で次のように示している。

天の異変は人の異変ぞ

（第五巻「地つ巻」第二十九帖）

この神示は非常に短いものだが、極めて重要な神理が秘められている。この帖文の意味は「**天の異変**（つまり天変地異）」が「**人の心の異変**（つまり体主霊従、我れ善しによる異変）」の反映であるということであるが、もっとハッキリ言えば「人心の乱れが地球環境の破壊や異常気象、また地殻変動などの天変地異を引き起こす」ということになる。

このことは唯物論者にはとても信じられないだろうが、神から地上世界の主宰者として任せられた人間が堕落したならば、地上世界の天地自然も同様になるのは当然の道理なのである。

「天変地異を神の怒りと取り違い致してはならん」と示されたことの裏の意味は、「人間の悪想念が天変地異の根本原因である」ということに他ならない。

●神に怒りはないとはどういう意臣か？

次に**「神に怒りはなく」**しかも**「太神は愛にましまし、真にましまし、善にましまし、美にましまし、数にましますぞ。またすべてが喜びにましまします」**とあるが、では神はいつもにこにこ笑いながら全てを赦《ゆる》すような優しい存在なのであろうか？

「基本十二巻」で述べられている神仕組やその筋書きなどを知らない者が、ここだけを読めばそのように思うかも知れないが、それが完全な間違いであることは、私の本や講演、セミナーなどで学ばれて来た読者にはとっくにお分かりのはずだ。

神という存在は、神界で優雅にのんびり暮らしている「静的」な存在ではない。そうではなく、常に自らが創造された世界の「愛、真、善、美」の深化向上を目指している「動的」な存在なのである。

そのために生み出されたのが「愛、真、善、美」とは正反対の「憎、偽、悪、醜」という「裏」の働きである。つまりこれが「悪の御用」というものであり、この御用（働き）によって一旦世界は混沌と混乱の渦の中に落とされるが、これによって現状を変革する「力」が生まれる、という仕組なのである。

神に「怒り」はなく「すべてが喜び」であるとは言っても、神の仕組やその筋書きは「体主霊従」に堕ちている人間にとっては、極めて厳しいものであることは論を俟《ま》たない。自らの「身魂」を磨こうとしない者を神が助けることはないし、どれほどの大金を積んで懇願しても大目に見てくれることもない。このことを忘れてはならない。

なお「（神は）**数にましますぞ**」とは不思議な言い回しだが、これは第一帖に登場した「**天は数ぞと申してあろう、地はイロハであるぞ**」と基本的に同義であり、高度の霊界人の文字がほとんど「数字」で表されることに対応するものであろう。

我々にとっては「数」より「言霊」の方に馴染みがあるが、神界では「数霊」がメインであることを認識しておきたい。原初の天地創造においても「数霊」の働きが大きかったはずである。

●神でも「我《が》」を出せば失敗する

次に「**もし怒りが出た時は、神の座から外れてしまうのであるぞ**」とは、そのまま読んで何となく納得してしまう部分である。しかしこの裏には、国祖様（国常立大神）の大いなる失敗があったことが隠されていることを知らなければ片手落ちである。

それは太古の昔、国祖様が自らの「我《が》」が強過ぎて神政に失敗し、天の大神に対する邪神悪神らの直訴によって神界から追放されたことがあるからである。このことについて、日月神示では次のように示している。

この方は力あり過ぎて失敗《しくじ》ったⓨぞ、この世構うⓨでも我《が》出すと失敗るのぞ、どんな力あったとて我出すでないぞ、この方がよい見せしめぞ。世界構うこの方さえ我で失敗ったのぞ、くどいようなれど我出すなよ、慢心と取り違いが一等気障《きざわ》りざぞ。

（第七巻「日の出の巻」第二十帖）

この神示には神（⦿）が「**我《が》で失敗《しくじ》った**」とあるが、ここでいう「我」とは「自我《じが》」のことであって「真我《しんが》」ではないことに注意しなければならない。「自我」の基本的な性質と働きは「偽、悪、醜、憎」であって、「神の座から外れてしまう」ような「怒り」も当然ここから発せられるのである。

ただ国祖様が失敗したことの詳しい経緯は日月神示には書かれていない。これについては拙著『秘義編「日月神示」神仕組のすべて』（ヒカルランド）で詳しく述べているので、興味のある方は参照して頂きたい。

何れにしろここから分かることは、国祖様といえども最初から全知全能、完全無欠の神であった訳ではなく、常に進化を目指す存在だということである。このことは当然、神の子である我々人間にも当てはまる。

では残りの文節に移ろう。

救いの手は東《ひむがし》より差し延べられると知らしてあろうが、その東とは東西南北の東ではないぞ、このことよくわかりて下されよ。今の方向では東北《うしとら》から救いの手が差し延べられるのぢゃ、ウシトラとは東北であるぞ、ウシトラコンジンとは国常立尊で御座るぞ、地の元の、天地の元の元の元の神ぞ、始めの始め、終わりの終わりぞ、弥栄の弥栄ぞ、礎《いしずえ》ぞ。

●東と東北から「救いの手」が差し延べられる

この帖文を一読すればさほど難しい箇所はないように思われるが、よく読めば物凄く奇妙な点があることに気付く。その一つは「**救いの手は東《ひむがし》より差し延べられる**」が「**その東とは東西南北の東ではない**」とあることである。つまりここでは「救いの手」が差し延べられる「東《ひむがし》」は方向（方位）のことではなく、それ以外の「別のモノ」だと述べているのである。

これに対して、「**今の方向では東北《うしとら》から救いの手が差し延べられる**」とも示されているが、こちらは明らかに「救いの手」が差し延べられるのは「東北《うしとら》」という方向（方位）だと述べているではないか。

両者の共通点は「救いの手」が差し延べられるということであるが、前者では「東《ひむがし》」は方向（方位）ではないと言い、後者の「東北《うしとら》」は方向（方位）だというのだからややこしい。

やはりここには、大いなる密意があると見なければならない。
この謎を解くためには「扶桑《ふそう》之巻」第一帖の次のピースが大きなヒントになる。

東は扶桑《ふそう》なり、日（☉）出《い》づる秋《とき》は来にけり。

（五十黙示録第一巻「扶桑《ふそう》之巻」第一帖）

この帖文は既に考察済みのものであり、私は「扶桑《ふそう》」が「神国日本」のことを指していると解いた。ここに「東は扶桑なり」とあるから、「東」が「神国日本」を表しているということは明らかである。つまり「東＝神国日本」という図式になるから、このことを「救いの手は東《ひむがし》より差し延べられる」に当てはめれば、「救いの手は神国日本から（世界に）差し延べられる」という意味になるのは明らかだ。

つまり、日本が本来の「神国」として復活し、世界に「救いの手」を差し延べるということであるが、これは神の仕組としても当然過ぎるほど当然のことである。勿論、ここでいう「救いの手」とは物質的なことではなく霊的な意味であって、具体的には神文字「☉」の「ヽ」を復活させて「世界の霊的中心」となることである。

しかし肝心の日本では、日本人の多くがまだ霊的な覚醒に至っていないのが現状であるから、日本が神国として世界の霊的中心になるには、まだまだ相応の時間がかかると見なければならないだろう。

さて、もう一つの「救いの手」については、**「今の方向では東北《ウシトラ》から救いの手が差し延べられる**」とあるが、この場合の「救いの手」が差し延べられるのは、当然「日本」でなければならない。何故なら、日本は本来世界の霊的中心であって、世界の国の中では最初に霊的な復活を遂げなければならないからだ。

日本が覚醒しなければ、世界に対して「救いの手」を差し述べることなど出来る訳がない。

つまり「救いの手が神国日本に差し延べられるが、それは東北《ウシトラ》の方向から来る」と解釈出来ることになるのである。また「救いの手」を差し延べる神は「ウシトラコンジン」こと「国常立尊」であるから、「東北《ウシトラ》」には「(救いの手が来る)方向」と「(救いの手を差し伸べる)神」という二つの意味が込められていることも分かってくる。

●最大の逆説、「救いの手」とは何か？

そこで最大の関心事となるのは、日本に差し延べられる「**救いの手**」とは一体何か？ ということになる。これについては、私の神示解釈をよく理解されている読者なら、「救い」が単なる物質的救済でないことはよくお分かりのはずだ。

そうなのだ、ここで言う「救い」とは「霊的次元」で捉えるべきものであり、地上世界の肉体生命とか財産などを救う（或いは保全する）ことではない。つまり人民の「身魂磨き」を促進させることが「救いの手」の最大の目的なのである。

このことの裏の意味は大きな「メグリ」と対峙しこれと格闘することを意味しているから、現象的には大きな困難や災厄に直面することになるのは必然である。人民にとっては正に「逆説」と言うしかないが、これによって「身魂磨き」が促進される動機となることは間違いない。

これに関連する神示があるのでご覧頂きたい。

日本がヒの本の国、艮《うしとら》のかための国、ⓥ《ヒ》出づる国、国常立大神がウシトラの扉を開けて出づる国ということがわかりて来んと、今度の岩戸開きはわからんぞ

（五十黙示録第五巻「極《きわ》め之巻」第四帖）

右の神示には「**日本がヒの本の国**」とか「**⦿《ヒ》出づる国**」と示されているが、これは「日本」が「神国」であることを直接的に表現したものだ。勿論「**艮《うしとら》のかためのの国**」も同じ意味である。「かため」には「ものごとを揺るぎなく安定させること」、「しっかりと結びつけること」、また「堅い約束、誓い」のような意味があるから、「艮の金神」である「国常立大神」御自身が「日本は神国として約束された国」であると宣言していることが明らかだ。

このように日本は「神国」であるのだが、ではその日本に差し延べられる「救いの手」とは具体的に何であろうか？　この神示には、「**国常立大神がウシトラの扉を開けて出づる国**」とあるが、「ウシトラ」とは方向（方位）の「**東北**《うしとら》」のことでもあるから、この部分の意味は「**国常立大神が日本の東北の扉を開けてその神力を神国日本に及ぼす**」と解くことが出来るであろう。そしてこのことが「**わかって来ん**」と「**今度の岩戸開きはわからん**」とも示されている。

ここでよくよく考えなければならないのは、「神の仕組」は巨大な〝逆説〟に満ちていることとである。その最たるものが、原爆が落とされ、大東亜戦争に負けたことによって、日本の「岩戸開きのはじめの幕が開いた」という神示が降ろされていることである（第十二巻「夜明けの巻」第十一帖、十四帖）。

ではこれと同様に、「国常立大神が日本の東北の扉を開けてその神力を神国日本に及ぼす」ことを逆説的に解釈したら「救いの手」として何が見えて来るだろうか？

そう、それはあの「**3・11東日本大震災**」である。国常立大神の御神力が、日本の「ウシトラ（東北地方→岩手、宮城、福島）」に発現した結果、あの大震災と史上最悪の「原発事故」が引き起こされたと解釈出来るのである！

逆説と言うならこれもまた凄まじい逆説と言う他なく、ここに思い至った時、私は身震いを禁じ得なかった。

しかしこれが神国日本にとっての「救いの手」であり、これによって日本と日本人の「身魂磨き」すなわち「メグリ取り」が大きく促進されたのである（勿論これで全ての「メグリ取り」が終わった訳ではない）。繰り返すが、このような逆説が分からないと、「岩戸開き」の神意が理解出来ないということだ。

●国祖様の神格とは?

帖文の最後は「**(ウシトラコンジンとは国常立尊で御座るぞ)、地の元の、天地の元の元の元の神ぞ、始めの始め、終わりの終わりぞ、弥栄の弥栄ぞ、礎《いしずえ》ぞ**」であるが、ここは国祖様(国常立大神)の神霊的な「位階(神格)」を述べた部分であることは明白である。

「天地の元の元の元の神」であるという部分がすべてを語っているように、国祖様は「世の元の大神」様が「我が子」とも呼ぶ究極の御存在なのである。

『日月神示』はこのような神によって降ろされた神典であることを忘れてはならない。

第九帖

ささげてむ和稲荒稲《わしねあらしね》横山のごと。五人あるぞ、中二人、外三人、この仕組天の仕組。一切と手をつながねばならん。人民のみでは世界連邦をつくろうとしても、それは出来ない相談、片車輪と申してあろうが、目に見えぬ世界、目に見えぬ人民との、縦のつながりつけねばならん道理、人民同志の横糸だけでは織物にはならんぞ。天は火ぞ、地は水ぞ、火水組み組みて織りなされたものが、錦《にしき》の御旗《みはた》ぢゃ、火水の経綸であるぞ。

〈考察〉

ささげてむ和稲荒稲《わしねあらしね》横山のごと。

本帖の冒頭にも完全な「五七七」の律による「片歌」が収められている。「**和稲荒稲**《わしねあらしね》」の「和稲《わしね》」は籾《もみ》を除去した米のことであり、「荒稲《あらしね》」とは籾付きの米のことである。全体の意味は、

「御神饌《しんせん》の米が神前に山のように沢山捧げられている」という情景を述べたものであろう。
これまでと同様、本文との関連性は見当たらない。

次に本文の考察に移るが、二つのテーマがあるので、その文節ごとに取り上げる。最初は極めて短い次のものである。

五人あるぞ、中二人、外三人、この仕組天の仕組。

●「五人」とは別天津神五柱《ことあまつかみいつはしら》のことか？

最初に「**五人あるぞ、中二人、外三人**」とあるが、これは単なる人数《にんずう》のことではあるまい。「**この仕組天の仕組**」と示されているように、神の仕組に関する数字であることは確かであるが、「五」で想起されるのは第一帖に登場した次のピース（帖文）である。

五のイシがモノ言うのであるぞ、開けば五十となり、五百となり、五千となる。握れば元の五となる、五本の指のように一と四であるぞ

（五十黙示録第一巻「扶《ふ》桑《そう》之巻」第一帖）

このように「五」は神仕組の根本数を表しているから、本帖（第九帖）の「五人あるぞ」はこれに関連する「五柱の神」を指している可能性がある。そうであれば、この場合の神として最も適合するのは、古事記に登場する「別天津神《ことあまつかみ》」である。「別天津神」とは天地《あめつち》の初めに登場する根源的な五柱の神であり、「天之御中主神《あめのみなかぬしのかみ》」、「高御産巣日神《たかみむすびのかみ》」、「神産巣日神《かみむすびのかみ》」、「宇摩志《うまし》阿斯訶備比古遅神《あしかびひこぢのかみ》」、「天之常立神《あめのとこたちのかみ》」を指している。

ただこの場合、「中二人、外三人」がどのように組み合わされるのかがよく分からないのである。最初の三神（アメノミナカヌシ、タカミムスビ、カミムスビ）は「造化三神」と呼ばれているから、「中三人、外二人」であれば辻褄《つじつま》は合うがこの帖文では逆になっているからだ。

もう一つの解釈例は「中」を「、」、「外」を「〇」と見て、両者が結べば「◉（五）」となると解釈することである。勿論これも根本的な神の仕組である。

これは第一帖に「**伊邪那岐《イザナギ》三となり、伊邪那美《イザナミ》二となりなりて、ミトノマグワイして五となる**」という一節があることを受けているが、しかしこの場合も「中（イザナギ）」が三であり、「外（イザナミ）」が二となるので、この場合も本帖の記述とは逆になってしまうのである。このようなことから、現段階では「これは」という解釈には至っていないのが現状であり、今後の研究課題である。

次の文節は本帖の残り全部である。

一切と手をつながねばならん。人民のみでは世界連邦をつくろうとしても、それは出来ない相談、片車輪と申してあろうが、目に見えぬ世界、目に見えぬ人民との、縦のつながりつけねばならん道理、人民同志の横糸だけでは織物にはならんぞ。天は火ぞ、地は水ぞ、火水組み組みて織りなされたものが、錦《にしき》の御旗《みはた》ぢや、火水の経綸であるぞ。

●岡本天明が夢見た「世界連邦」

この帖文は「**一切と手をつながねばならん**」から始まっている。岡本天明は「一切の人類が手をつなぐ」ことが出来るものとして、「(人民による)**世界連邦**」と称する世界的な組織の創設と発展を夢見ていたようである。おそらくは「新世界(ミロクの世)」へ至るための足掛りとなる地上世界の「原型(カタ)」と考えていたからであろう。

これに関連するが、「世界連邦」については日月神示ではもう一箇所、補巻「月光の巻」第三十二帖にも登場しているので次に示しておこう。両者の趣旨がほとんど同じであることは明白である。

世界連邦と申しているが、地上世界のみの連邦では成就せん。片輪車で、いつまでたってもドンテンドンテンぢゃ。心して下されよ。何故に霊界、神界をひっくるめた三千世界連邦としないのか。要らぬ苦労はせぬものぢゃ。

（補巻「月光の巻」第三十二帖）

日月神示に降ろされている神仕組の中には、「世界連邦」などというものは登場しないので、この用語を初めて目にする読者は少し面食らうかも知れない。私が調べた所では、これはおそらく「大本教団」の活動と関係しているようである。大本教団では大東亜戦争前の1929年から、「世界連邦」創設という壮大な構想を打ち立てて活動していたのである。

実際に西暦1950年10月14日には、大本発祥の地である京都府の「綾部市《あやべ》」が「世界連邦都市宣言第一号」となっている。さらに、日本中の各自治体の議会でも決議され、「世界連邦自治体全国協議会」が結成されている（日本全国で六十市区町村が加盟、2008年データ）。

岡本天明は明らかに「世界連邦」に関心があったはずである。これは天明自身がかつて大本教団に在籍していたこと、日月神示を降ろした神と大本の神がどちらも「国常立大神」であること、そして何よりも、「世界連邦」が日月神示の神仕組である「ミロクの世」到来に繋がる（或いはその「型《かた》」となる）ものではないか？　との思いがあったからであろう。

しかし神は先の帖（補巻「月光の巻」第三十二帖）で、「**人民のみでは世界連邦をつくろうとしても、それは出来ない相談**」とか、また「**地上世界のみの連邦では成就せん**」とバッサリと冷厳に斬り捨てているのだ。

何故「出来ない（成就せん）」のかと言えば、「**目に見えぬ世界、目に見えぬ人民との、縦のつながりつけねばならん道理**」からであり、「**神界、霊界を含む三千世界連邦**」でなければならないからである。

同様に本帖においても「**天は火ぞ、地は水ぞ、火水組み組みて織りなされたものが、錦《にしき》の御《み》旗《はた》ぢゃ、火水の経綸であるぞ**」と示されている。「火」は真っ直ぐ上に上がるから「縦（神界、霊界）」であり、「水」は横に広がるから「横（地上世界）」なのであって、両者が結ぶことにより「十（完全）」となるのである。

天明が夢見た「世界連邦」は「横（水）」だけの不完全なものであったのだ。

ところでこのように「世界連邦」が登場し、岡本天明が関心を持っていたことが分かって来ると、本帖には天明に対する教えや諭しが含まれていると見ることが出来る。

このことから、仮にこれから先の考察において明らかに天明に宛てたと思われる帖やピースが見つかった場合は、「五十黙示録」には秘義的な内容の神理だけではなく、天明に対する教えや諭しも含まれると判断出来ることになる。

そうであればこれは補巻「月光の巻」のスタンスにも通じるものであって、非常に興味深いものがある。

第十帖

赤丹《あかに》の頬にきこしめしませ御酒《みき》たてまつる。何事が起こって来てもまず喜んで迎えねばならんぞ、近づいてくるのは呼び寄せたからぢゃ、こんな嫌な、汚いものはごめんぢゃと申す人民もあるなれど、それは皆己の心の写しでないか。内に無いものが外から近寄る道理ないのぢゃ。どんなものでも、喜んで迎えるとよろこびとなる結構な仕組、よく会得せよ。何事も一段ずつ、一歩ずつぢゃ、一足飛びは大怪我のもと。

〈考察〉

赤丹《あかに》の頬にきこしめしませ御酒《みき》たてまつる。

本帖においても冒頭の文は「片歌」である。「**赤丹《あかに》の頬**」とは、「赤い頬《ほほ》」という意味であり、「**きこしめす**」は尊敬語で「お聞きになる、承知なさる、召し上がる、お飲みになる」などの意味がある。また「酒を飲むことをしゃれて言う場合に用いる」こともあるようだ。「**御酒《みき》たてまつる**」は謙譲語で「酒を差し上げる、献上する」の意であるから、目上の相手に酒を勧めている様子を表しているのであろう。

全体の意味は、「（酒が入り上機嫌で）頬が赤くなっている目上の人物に、もう一献《いっこん》どうぞと酒を勧める」のようになるだろうか？ 何やら楽《たの》し気《げ》な酒宴の状況が感じられるが、ここで「御酒《みき》」を「神酒《みき》」と捉えれば、目出度い神事が終わった後の「直来《なおらい》」の場面を題材にしていると想像したくなる所ではある（「直来」とは神事の後、神前に捧げた神酒・神饌を下げて行う宴会のこと）。

この片歌も本文との関連は見られない。

次に本文の考察に入る。文節による区分はない。

●どんなに嫌なことでも喜んで迎えられるか？

本帖は特に難解な表現はないから、読者にとっても比較的分かり易いものに感じられるのではないだろうか？ しかし本帖の真骨頂は表面的な分かり易さなどではなく、ここに示されていることが果たして我々人民に「実行可能かどうか？」ということなのだ。

「**何事が起こって来てもまず喜んで迎えねばならん**」とあるが、読者の「あなた」は「**こんな嫌な、汚いもの**」が近づいて来ても、或いは自分の身辺に起こったとしても、それを「**喜んで迎える**」ことが出来るだろうか？　実行可能であろうか？　このことに思いを致してもらいたいのだ。

人間の三大不幸を「貧《ひん》、病《びょう》、争《そう》」と言うそうである。「貧」は貧しいこと（お金がないこと）、「病」は病気に罹《かか》ることや健康を害すること、そして「争」は人間関係の悪化や他人との争いごとということほどの意味だが、これに倣《なら》って例えば全財産を失う（貧）とか、不治の病の宣告を受ける（病）とか、或いは親友に裏切られる（争）のように「嫌なこと」が自分に起こった場合でも、「（あなたは）まず喜んで迎えねばならん」と教えているのが本帖である。

常識的には、誰だってそんなことを喜んで迎えることなど出来る訳がない。だから本帖が述べていることを「頭」で理解したとしても、ではそれを「実行出来るか？」と問われれば、「とてもじゃないがそんなことは無理」となるはずなのだ。かく言う私も全く自信がない。

であるから、表面的な意味が分かっただけでは何もならないのである。実行・実践が伴わなければ本帖を真に理解したことにはならないのだ。

読者はお気付きだと思うが、ここでいう「こんな嫌な、汚いもの」とはその者にとっては大きなの「**メグリ**」のことに他ならない。神はそれを「喜んで迎え」て、「身魂磨き」の糧《かて》とせよと教示しているのである。

大事なことなので繰り返すが、何故「(こんな嫌な、汚いものを) 喜んで迎えねばならないのか」ということの真の理由は、それが「身魂磨き、メグリ取り」に繋がるからである。

このように捉えれば、少しは前向きになって頂けるだろうか？「メグリ」であるから、それは「**皆己の心の写し**」なのであり、当然「**近づいてくるのは呼び寄せたから**」ということになる。何故なら「**内に無いものが外から近寄る道理**」がないからである。

本帖の最後で、神は臣民に「身魂磨き」に臨む心構えを説いている。「**どんなものでも、喜んで迎えるとよろこびとなる結構な仕組、よく会得せよ。何事も一段ずつ、一歩ずつぢゃ、一足飛びは大怪我のもと**」とある部分だが、ここはそのものズバリであるから、特段の説明は不要であろう。「一段ずつ、一歩ずつ」である。

第十一帖

沖《おき》つ藻葉《もは》辺津《へつ》藻葉《もは》ぞ、母治《し》らす御国の五の働きはいずれも十のつばさを持っているぞ、足は十本であるぞ、さらに五十のつばさとなりなる仕組、五十の足がイツラぞ、イツラでは動きとれん。四十九として働いてくれよ、真中の一は動いてはならん。真中動くでないぞと申してあろうがな、時過ぎて種蒔《たねま》く人民多いのう、人民と申すものは天狗ざから、自分はよいのだが、世の中悪いのざと申しているなれど、世の中と申すものは大神の働きの現われであるから、大神の中での動きであるから、世の中が悪いと思うのは、大神が悪いと思うことになるのぢゃぞ、其処《そこ》に底知れぬほどの魔の仕組があるぞ、気つけおくぞ。

〈考察〉

●舌足らずの片歌か？

沖《おき》つ藻《も》葉《は》辺《へ》津《つ》藻《も》葉《は》ぞ

この冒頭文はこれまでの「五七七」調の「片歌」とは全く異なるもので、強いて言えば「五五」調である。また、この後に登場する第十二帖から第十五帖の冒頭文もすべて「五七七」調の片歌なので、本帖だけが特異なカタチになっている。

何故このようになっているかは分からないが、仮にこの冒頭文が片歌であるとしたら、明らかに「舌足らず（＝字足らず）」であるから、ひょっとすると編集ミスか何かの理由で残りの部分が欠落してしまった可能性を考えたくなる所である。本帖だけが「片歌」でないことは考え難いからだ。

意味を述べると「**藻《も》葉《は》**」とは海藻のことであって、「**沖《おき》つ藻《も》葉《は》**」は沖合い（深い海）に生えている海藻、「辺津藻葉《へつもは》」は岸辺に近い所（浅い海）所に生えている海藻のことであるが、これだけでは全体として「深い海と浅い海に生えている海藻です」となるだけで、何を言いたいのか全く分からない。

そこで私はこれが「片歌」の一部であり、神に捧げる「神饌《しんせん》」のことを歌った可能性があると捉え、例えば「神に捧げ奉らむ」のような句を追加すれば意味が通るのではないか？　と考えて見たのである。

私の独断であるが、次のような「片歌」を創作（？）しておきたい。

沖《おき》つ藻葉《もは》辺津藻葉《へつもは》ぞ神に捧げ奉らむ

このように「創作（?）」すれば、「深い海と浅い海に生えている海藻を御神前に捧げ奉る」となって、それらしい意味を持たせることが出来るが、何れにしろこれ以上のことは分からない。この部分について日月神示の「原文」があればハッキリするのだが、これも残念ながら、原文は所在不明となっている。

なおこれまでと同様、この「片歌？」と本文との関係性は認められない。

では本文の考察に入るが、二つのテーマがあるので文節毎取り上げることにする。最初は次のものである。

> 母治《し》らす御国の五の働きはいずれも十のつばさを持っているぞ、足は十本であるぞ、さらに五十のつばさとなりなる仕組、五十の足がイツラぞ、イツラでは動きとれん。四十九として働いてくれよ、真中の一は動いてはならん。真中動くでないぞと申してあろうがな。

●十のつばさと足が五十になる

この帖文には「**五**」、「**十**」、「**五十**」、「**四十九**」など多くの数字が登場し、「五十黙示録」ならではの謎に満ちた帖文である。難解であるが解読に挑戦して見よう。

まず登場する数字とこれに続く言葉に注目すると、「**五の働き**」、「**十のつばさ**」、「**足は十本**」、「**五十のつばさ**」そして「**五十の足**」と示されている。これらの数字のうち、「五」と「五十」については既に第一帖に登場しているので、振り返って見よう。

五のイシがモノ言うのであるぞ、開けば五十となり、五百となり、五千となる。握れば元の五となる、五本の指のように一と四であるぞ、この方を五千の山に祀れと申してあろうが、これがイチラ（五千連）ぞ、五十連《イツラ》ぞ、わかりたか、五十連世に出るぞ。
（五十黙示録第一巻「扶桑《ふそう》之巻」第一帖）

「（五は）開けば五十となり、五百となり、五千となり」、また**「握れば元の五となる」**とあることから、根本が「五」であり、それが具体的に顕現し展開拡大したものが「五十」であり、「五百」であり、そして「五千」であることは考察済みである。

そして元の「五」とは「イザナギ（三）」と「イザナミ（二）」が結ばれたもので、「男性原理」と「女性原理」が統合された完全な状態を指し、これはつまり神文字「⦿」と同義であることも説いた。

元の「五」から「五十」→「五百」→「五千」となるのは、「世の元の大神」様の御神力が発現し、具体的な事象となって拡大発展する様を述べたもので、それを「五千連（イチラ）」とか「五十連《イツラ》」と表現していることも述べた。

これらを本帖に適用すれば、「五（の働き）」→「五十（のつばさ）」→「五十（の足）」のように展開して行くことから、第一帖と同様に解してよいと思われる。つまり「世の元の大神」様の御神力の発現であり、拡大発展のことを意味していると考えられるのである。

またここで「十のつばさ」と「足は十本」のように「十」が登場しているが、これは「五」が「五十」になるには十方に顕現・展開しなければならないという意味の他に、「十」は「完全」を意味していることから、「五」の神力が全てにおいて完全に働くという意味を併せ持たせていると考えられる。

なお「つばさ」と「足」が登場している理由は、「つばさ」が「天」を象徴し、「足」は「地」を象徴していると捉えて、「五（の働き）」が「天地」に遍《あまね》く及ぼされる、という神意であろうと考えている。

ここまでは以上のように解されるが、実は冒頭の「**母治《し》らす御国**」が何を指しているのかがよく分からない。日月神示で「母」と言えば「イザナミ神」が思い浮かぶが、イザナミが治らしていたのは「黄泉《よみ》の国」であって、ここには「男性原理」が欠落しているから「五」とは言えないのである。母だけでなく父も登場し、「父と母が治らす御国」であれば問題なくスッキリするのだが、ここはまだまだ研究の余地がある。

これに関して少し邪推すれば、冒頭の「片歌（?）」が「(編集ミスによる）舌足らず（字足らず)」ではないか?　と述べたが、その延長で考えて「母治《し》らす御国」は「父母が治《し》らす御国」が正しいのではないかと思いたくなる所だ。

●真中の「一」は動いてはならない

本帖文で残っている「**イツラでは動きとれん。四十九として働いてくれよ、真中の一は動いてはならん。真中動くでないぞと申してあろうがな**」は、神仕組が発現し実動に移る場合の仕組を述べたものであると考えられる。

「五十」のそれぞれが全部動くのではなく、その中の「真中の一」は動いてはならず「残りの四十九」が働く仕組みであると示されている。分かったような分からないような示し方であるが、これは神文字「☉」をイメージすればよく理解出来るはずだ。

つまり動いてはならない「真中の一」が「ヽ」であり、「動く四十九」が「〇」で表されるということなのだ。「ヽ」は司令塔として真中に位置しているから動いてはならないのである。

このように、神仕組が発動する仕組も神文字「⦿」によって表されるのであるが、ここから連想されるのが第六巻「日月の巻」の登場する「四十九の御魂」のことである。

今度の世には四十九の御役、御仕事あるのざぞ。四十九の御魂と申してあろがな。

（第六巻「日月の巻」第二十帖）

右に示された「**四十九の御魂**」とは、神業に奉仕した実際の人間たち（「因縁の身魂」たち）のことであり、第十九巻「まつりの巻」第十七帖には、岡本天明を含む四十九名の名がハッキリと示されている（ただし名前の列挙は煩雑になるのでここでは省略する。神示全訳本をお持ちの読者は当該帖を確認して頂きたい）。

「四十九」という一見中途半端な人数の意味も、これで理解されるところだ。

では次の文節に移る。第十一帖の残り全文である。

時過ぎて種《たね》蒔《ま》く人民多いのう、人民と申すものは天狗ざから、自分はよいのだが、世の

中悪いのざと申しているなれど、世の中と申すものは大神の働きの現われであるから、大神の中での動きであるから、世の中が悪いと思うのは、大神が悪いと思うことになるのぢやぞ、其処《そこ》に底知れぬほどの魔の仕組があるぞ、気つけおくぞ。

●世の中を悪く言うのは大神を悪く言うことと同じである

冒頭の「**時過ぎて種蒔《たねま》く人民多いのう**」とは、人民の「身魂磨き」が（神の期待より）進展深化していないことの例えであろうと思われる。「時が過ぎてから」種を蒔いてもまともな収穫が出来る訳がないからだ。換言すれば、これだけ時間が経っても相変わらず「体主霊従」であり「我れ善し」の人民ばかりであると指摘しているとも言えよう。

そしてそのような人民は「**天狗**」になっており、「**自分はよく**」て、「**悪いのは世の中**」だと信じ込んでいると、神は指摘しているのである。完全に「善悪二元論」に囚われていて、しかも自分を「善側」に置いていることが見て取れる。

しかし、世の中がどんなに乱れていて混乱していようとも、それは全て「**大神の働きの現われ**」であり、「**大神の中での動き**」であるから、世の中を悪く言う者は「**大神を悪く言う**」ことになると教えているのである。

「**其処《そこ》に底知れぬほどの魔の仕組がある**」とは、人民が「世の元の大神」様が仕組んだ「悪の御用」の役割とその働きを全く理解していないということであって、つまりはその者が「悪の御用」にコロリと引っ掛かっているという意味であろう。

本帖のこの部分は、神仕組や神理に関する一般論としても理解される所だが、当時の岡本天明とその同志たちに宛てた内容でもあると見ることが出来る。と言うのは、天明の同志たちは現実に神から「**天狗**」になっていると指摘されているし（第二十四巻「黄金《こがね》の巻」第三十九帖）、天明自身も「**自分（＝天明）はよいが世の中が悪い**」と思っていたことを神から指摘されているからである（補巻「月光の巻」第五十帖）。

その関係帖文を次に挙げておくのでよくご覧頂きたい。全ては彼らの「メグリ」であり「身魂磨き」の材料であったのである（勿論同じことは我々にも言える）。

見渡せば見事咲きたり天狗の鼻の。

（第二十四巻「黄金《こがね》の巻」第三十九帖）

そなたは世の中が悪いとか人がよくないとか申しているが、すべては大神の肚の中にいて、一応大神が許しなされて居ればこそ存在し、生命《いのち》しているのであるぞ。悪く映るのは心の鏡が曇っているからぞ。悪い世の中、悪い人と申すことは、神を悪く申し、神界が悪いのぢゃと申すのと同じであるぞ。

（補巻「月光の巻」第五十帖）

右の二つ目の帖（「月光の巻」第五十帖）で「そなた」とあるのは岡本天明のことである。このように天明は、「扶桑《ふそう》之巻」の本帖においても、また補巻「月光の巻」においても同じことを指摘・指導されていると見ることが出来る。「メグリ取り」が如何に困難な道であるかがよく分かるというものだ。

第十二帖

進《たてまつ》る宇都の幣帛《みてくら》きこしめしたべ。神の御手に巻物があるぞ、その巻物の数は五十巻ぢや、この巻物を見たものは今までに一人もなかったのであるぞ、見てもわからんのぢや。巻物を解いて読もうとすれば、それは白紙となってしまうのであるぞ、人民にはわからんなり。説くことは出来んなり、この巻物は天の文字で書いてあるぞ、数字で書いてあるぞ、無が書いてあるぞ、無の中に有が記してあるぞ、心を無にすれば白紙の中に文字が現われるのであるぞ、時節参りて誰の目にも黙示とうつるようになった、有り難いことであるぞ、岩戸が開けていよいよの時となったのぞ、始めからの巻物よく読んで下されよ、よくより分けて下されよ、何もかも一切ありやかに刻まれているぞ、残る十二巻と一巻は人民ではわからんぞ、無の巻物ぞ、空に書いてあるぞ。

〈考察〉

進《たてまつ》る宇都の幣帛《みてくら》きこしめしたべ。

本帖の冒頭文は完全な「五七七」の律による「片歌」である。「**幣帛**《みてくら》」とは布帛《ふはく》・金銭・酒食など神前にささげる供物《くもつ》のこと。また、紙や布を切って木にはさんで垂らした御幣《ごへい》のことでもある。また「**宇都**（うつ）」は美称で、「幣帛《みてくら》」を修飾している言葉である。

片歌全体の意味は、「御神前に幣帛《みてくら》を奉《たてまつ》ることをお聞き入れください」ということであろうか。これまでと同様、この後の本文との関連性は見られない。

では本文について考察するが、片歌以外の全文が対象となるので文節ごとの区分はない。必要に応じ、直接本文を参照しながら読み進めて頂きたい。

●日月神示は本来「全五十巻」である

この本文は如何にも黙示録というに相応しい謎に満ちた文章である。ここでポイントとなるのは、「**五十巻の巻物**」の正体が何であるか？　ということだろう。『日月神示』がこれに該当するのではないか？　と思う読者は多いだろうが、これまでに日本に降ろされた日月神示は全三十七巻（と補巻が二巻）であって、五十巻ではない。

日月神示でないとすれば、「五十巻」に該当する他の神示がなければならないが、残念ながらこれに該当するようなものもないので、これまた困ったことになってしまうのである。

従って、やはり『日月神示』が候補の筆頭に来るのであるが、実は前記の「五十巻ではない」ことの矛盾を打破する重要な資料を岡本天明本人が遺してくれているのである。

それは天明が「五十黙示録」の最後に「訳者から」と題して添付した「あとがき」のような手記である。「五十巻の巻物」を考察する上で極めて重要なものであるから、次に示しておく。よくご覧頂きたい。

訳者から

この黙示は七巻で終わりますが、発表できない「帖」が、かなり多くあります。

この黙示七巻と、従来発表されている三十巻を合わせて三十七巻となりますが、実は発表を禁じられている「巻」が十三巻もあり、合わせて五十巻となるわけであります（発表されているが書記されていません）。

これら未発表のものは、或る時期が来れば発表を許されるものか、許されないものか、現在の所では不明であります。

尚、この黙示が二十四巻から三十巻に至る根幹であり、先に発表した七巻（黄金の巻以下のもの）は、二十三巻の所から出た枝のようなものであります。

また、第三巻の二十四帖は未発表のため、欠帖となっております。

昭和三十六年　於　北伊勢

岡本天明

右の「訳者から」と題された手記には、日月神示を直接伝達された岡本天明でなければ知り得ない重要な情報が含まれている。ここで全てを解説することは控えるが、大事なことは「**この黙示七巻と、従来発表されている三十巻を合わせて三十七巻となりますが、実は発表を禁じられている『巻』が十三巻もあり、合わせて五十巻となるわけであります**」とある部分だ。

これまでに降ろされている日月神示は「この七巻（＝五十黙示録）」と従来発表されている三十巻（＝第一巻～第三十巻）を合わせて「三十七巻」であるが、これとは別に未発表の「十三巻」があり、合計「五十巻」になると明確に示されている。

このことから本帖（第十二帖）の「**その巻物の数は五十巻ぢゃ**」が意味しているのは『日月神示』である可能性が高くなる。

これに加えて、本帖（第十二帖）の最後に示されている「**残る十二巻と一巻は人民ではわからんぞ、無の巻物ぞ、空（くう）に書いてあるぞ**」とある部分は、右の「訳者から」の中に「**発表されているが書記されていません**」ということと整合する。

つまり、まだ「十三巻」残っていることは発表されているが、それは「人民ではわからん無の巻物であり、空（くう）に書いてあるもの」だから、岡本天明にも書記させていない（出来ない）ということになる。これによって先の「五十巻の巻物」が『日月神示』であることがほぼ確定するのである。

ちなみにここにも「五十（の巻物）」という数字が登場しているが、これは言うまでもなく根源の「五」が顕現し具体化した「五十連《いつら》」（のひとつ）という意味を持っているはずである。

●これまで日月神示を見た者は誰もいなかった

このように本帖は、元々「五十の巻物」である『日月神示』が如何なるものであるかを、神の立場から臣民に説いて示したものと言うことが出来る。**「この巻物を見たものは今までに一人もなかったのであるぞ、見てもわからんのぢゃ。巻物を解いて読もうとすれば、それは白紙になってしまうのであるぞ、人民にはわからんなり。説くことは出来んなり、この巻物は天の文字で書いてあるぞ、数字で書いてあるぞ、無が書いてあるぞ、無の中に有が記してあるぞ、心を無にすれば白紙の中に文字が現われるのであるぞ」**とあるのは、日月神示が「天の文字（数字）」で書かれたもので、人民には「わからん」ことを説いたものである。

何故分からないのか？　と言えば、それは人民が「体主霊従、我れ善し」の性来に堕ちているからであって、そのような人民の「智」や「学」や「常識」をいくらこねくり回した所で、深遠な神理が理解出来る訳がないからだ。「**白紙になる**」とか「**無が書いてある**」とはこのことを意味していると思われる。

ではどうすれば読める（分かる）のか？ については、「**心を無にすれば白紙の中に文字が現われる**」とある。「心を無にする」とは何も考えないことではなく、人間の智や学、常識から離れて「神智」を求めるという意味であり、そのためには「身魂磨き」を深化させる以外にないのである。

なお、「五十の巻物」が「**天の文字（数字）で書いている**」ということは、岡本天明が自動書記によって筆記した神示の多くが「漢数字」によって構成されていることに通じるものである。

●日月神示は「黙示」である

このように、元々人民には読むことが出来なかった『日月神示』であるが、これが遂に読めるカタチで降ろされる時が来る。「**時節参りて誰の目にも黙示とうつるようになった、有り難いことであるぞ、岩戸が開けていよいよの時となったのぞ**」が、そのことをハッキリと示している。

地上世界の日本でこのことが現実になったのが、昭和19年6月10日、千葉県の麻賀多《まかた》神社で日月神示の初発となる第一巻「上つ巻」第一帖と第二帖が降ろされたことであった。

「誰の目にも黙示とうつるようになった」とは、日月神示が「人間の言葉」となって降ろされ公開されることを指している。その御役、つまり黙示（神示）原文の書記、翻訳、編集、製本、広報などを担ったのが、岡本天明を筆頭とする「四十九の御魂」であったのである（第十一帖の考察で取り上げている）。

なお帖文の中に「黙示」とあることから、これは「五十黙示録」のことではないか？　と勘違いする読者がいるかも知れないが、そうではない。文意全体から見て、本帖でいう「黙示」は『日月神示全巻（地上に降ろされたものは三十七巻）』と解釈しなければ意味が通じない。日月神示自体が「黙示」的な神典であって、読んだからと言って直ぐに分かるような代物ではないことは、誰も異論がないはずだ。

勿論「五十黙示録」も「黙示」ではあるが、こちらは日月神示の他の巻に比し「より踏み込んだ黙示」と捉えられるものである。よって「奥義」と位置付けられるのである（それ故に一段と難解である）。

そもそも「黙示」とは「隠された真理を示すこと」の意であり、特にキリスト教において、神が人智を超えた真理や神意などを示すことを指している（類語に「啓示」がある）。「隠された真理」であるから、必然的に人間の学や智の範疇には収まらない神秘的な内容や情報が多く、簡単に理解出来るようなものではないのである。

「**始めからの巻物よく読んで下されよ、よくより分けて下されよ、何もかも一切ありやかに刻まれているぞ**」とある部分は、神が天明（たち）に「神示を始めからよく読め」と諭した部分であろうと思われる。勿論、後世の我々にも同様のことが言える。

第十三帖

称言《たたえごと》太祝詞《ふとのりと》こと今ぞ高らかに。木でも草でも皆、中から大きくなるのざと申してあろう、付け焼刃や膏薬《こうやく》貼りで大きくなるのではないぞ、三千年に一度という、またとない結構な時がめぐりて来ているのであるぞ、為せば為るぞ、難しいこと申しているのではない、自分の中の自分を掃除して自分の外の自分を洗濯して磨けと申しているのぞ、磨けば神と同列のミタマぞ、釈迦ぞ、キリストぞと申してあろう、内にあるものを磨けば外から響くものも、磨かれた穢れのないものとなるのぢゃ、中の自分を掃除しないで居るといつまでたっても、岩戸が開けていても岩戸は開けん。

〈考察〉

称言太祝詞《たたえごとふとのりと》こと今ぞ高らに。

この冒頭文は完全な「五七七」調による「片歌」である。概略の意味は「神を称える言葉や祝詞を、今この時に高らかに奏上する」となるだろう。

これまでと同様、これに続く本文の内容と直接の関連はない。

では本文について考察するが、前帖（第十二帖）と同様文節による区分はないので、必要に応じ、本文を参照しながら読み進めて頂きたい。

●自分の中の自分の掃除と自分の外の自分の洗濯

本帖は全体の文意から神理に関する「一般論」としても読めるが、岡本天明（たち）に対する戒めや諭しとしても読むことも出来る。何故そのようなことが分かるのか？ と言えば、それは「**磨けば神と同列のミタマぞ、釈迦ぞ、キリストぞ**」と示されているからだ。実はこのことと同じ内容が第二十四巻「黄金《こがね》の巻」にも降ろされているのである。

神国、神の宮早うつくれ。今度此処《ここ》へ神が引き寄せた者は、みなキリストぢゃ。釈迦ぢゃぞと申してあろう。磨けば今までの教祖にもなれるミタマばかりぞ。それだけに罪深いぞ。岩戸あけて、めぐり果たさせたいのぢゃ。このこと肚によくわかるであろうが。

（第二十四巻「黄金《こがね》の巻」第二十二帖）

この帖文で「**今度此処《ここ》へ神が引き寄せた者**」とは、岡本天明と彼の下《もと》に集まった同志たちのことを指している。この者たちは「**みなキリストぢゃ。釈迦ぢゃぞと申してあろう。磨けば今までの教祖にもなれるミタマばかりぞ**」と示されているように、本帖（第十三帖）と全く同じ内容が降ろされているのである。

本帖の文章自体はそれほど難解ではなく素直に読めるものだが、ここに秘められた内容は極めて深いものである。文章が難解でないからと言って、「はい、理解出来ました」などと安心して通り過ぎてはならない。

本帖は「身魂磨き」の極意とも言うべきものを述べているが、それは「**自分の中の自分を掃除して自分の外の自分を洗濯して磨けと申しているのぞ**」とある部分に集約されている。つまり第一にやることは「**自分の中の自分の掃除**」であり、その次に「**自分の外の自分の洗濯**」なのであるが、ここが胸落ちしなければ神意に至ることは出来ない。

大方の者は、「自分の中の自分」とは自分の「心」のことであるとして、まず心をキレイに掃除し、次いでそれを外の自分、つまり自分の言葉使いや行動に反映させることであると捉えるだろう。

勿論、それでも間違いとは言えないが、私はさらに深い神理があると考えている。

それは「自分の中の自分」が「**真我（じ）**」のことであり、「自分の外の自分」が「**自我**

（〇）」であると捉えることである。「身魂磨き」によってそれまで機能不全に陥っていた「真我（ヽ）」を覚醒させることが第一であるということである。

「真我」が覚醒すれば、これによって一時的には「自我」との相克も生ずるが、「身魂磨き」が深化するにつれ、「真我」と「自我」が調和されて「霊主体従」の状態へと元返りすることになる。これが「中から大きくなる」ことの意である。

また**「内にあるものを磨けば外から響くものも、磨かれた穢れのないものとなるのぢゃ」**とあることも、同様のことを指している。

「身魂磨き」に関してはこのように理解されるが、本帖では**「三千年に一度という、またとない結構な時がめぐりて来ているのであるぞ」**とある所に注目しなければならない。「三千年に一度の結構な時」とは、正に今現在進行中の「（三千世界の）岩戸開き」のことを指しているのであって、後にも先にもない最高に重要な時節なのである（ここで三千年とは極めて長い期間を指す意味で使われている。単なる年数のことではない）。

神はこのチャンスを逃すな、と諭しているのである。本当にもう二度とないチャンスなのだから。

なお「真我」と「自我」という言葉は日月神示にはないものであり、私が神示を詳細に研究して得られたものに名前を付けたものである。具体的には、日月神示の中で単に「我《が》」と表現されるものには二種類あり、それが「真我」と「自我」というものである。

更に「真我」と「自我」を包含したものを「**我の構造図**」と称しているが、これは人間理解、延《ひ》いては神仕組の奥義を理解するために必須のものである。

参考のため次に掲示しておく。

【我の構造図】

◎神の光→「真我」を通る→「ゝ、真、善、美、愛」となる→「御用の善」＝表、主

◎神の光→「自我」を通る→「〇、偽、悪、醜、憎」となる→「御用の悪」＝裏、従

これについて詳しくは、拙著『秘義編［日月神示］神仕組のすべて』（ヒカルランド）をご覧頂きたい。

●岩戸が開けていても岩戸は開けん

本帖の最後には「**中の自分を掃除しないで居るといつまでたっても、岩戸が開けていても岩戸は開けん**」と示されている。「岩戸が開けていても岩戸が開けん」とは如何にも「黙示録」的な言い方であって、一見すると何のことか分からないように思われる。

このことを理解するには、その者の「岩戸開き」が一回こっきりで完成成就するものではなく、「メグリの数」だけ何度でもあると考えればよいのである。つまり「身魂磨き」に精進した結果、既に何度か自分自身の「岩戸」が開いた者でも、それから先の「中の自分の掃除」を怠ると更なる岩戸は開くことがない、との教示なのである。端的には「岩戸開きは死ぬまで続く」とも言い得る。

岡本天明の場合は、神示を取次ぎ神業に奉仕しながら自身の「身魂磨き」に精進して来たので、彼の「岩戸」は相当程度開いていたはずであるが、そこで満足せずにさらに励めという戒めでもあるだろう（無論、我々にとっても同じことである）。

第十四帖

青海原青垣山の内に御子生る。神の御座《みくら》のまわりには十の宝座があるぞ、十の宝座は五十と五十、百の光となって現われるのであるぞ、大摩邇《まに》は百宝を以《もつ》て成就すると知らせてあろうがな、五十種の光、五十種の色と申してあろう、百が千となり万となり億となるのであるぞ、光の中に百億の化物《けぶつ》ぢゃと申してあろう、百が千となり万となり億となるのであるぞ、今までは四の活物と知らせてありたが、岩戸が開けて、五の活物となったのであるぞ、五が天の光であるぞ、白、青、黄、赤、黒、の色であるぞ。

〈考察〉

青海原青垣山の内に御子生る

本帖の冒頭にもこれまでと同様「片歌」が降ろされている。「青垣山（あおがきやま）」とは特定の山の名前ではなく、「垣根のように連なり木々が青々と茂った山々」の意であって、古来、歌や祝詞によく登場する言葉である。

代表的な歌は倭建命《やまとたけるのみこと》が詠んだ次のものだろう。

やまとは　くにのまほろば　たたなづく　青がき　山ごもれる　大和しうるわし

この歌の意味は「大和は国の最も素晴らしい所、どこまでも続く青垣、山に籠っている大和はうるわしい」というものだが、これに倣《なら》えば、右の片歌は「青い海に囲まれ、山々の木々が青々と茂ったこの美しい国に御子がお生まれになった（何と喜ばしいことだろう）」というような意味になるであろうか？

「御子」とは一般に「貴人の子（尊敬語）」、「天皇の子、天皇の子孫」、「親王《しんのう》」などの意味があるが、日月神示の神仕組の観点から考えれば、「御子生る」とは「てんし様の御霊統が復活」したことを指していると捉え、それ故に「目出度い」という含意があると考えたい。

では本文に移るが、全般に極めて難解であるため、他の帖によるヒントが得られそうな本文後半の文節から入ることにする。次のものである。

光の中に百億の化物《けぶつ》ぢやと申してあろう、百が千となり万となり億となるのであるぞ、今までは四の活物と知らせてありたが、岩戸が開けて、五の活物となったのであるぞ、五が天の光であるぞ、白、青、黄、赤、黒、の色であるぞ。

●五の活物《かつぶつ》が百億の化物《けぶつ》となる

「五十黙示録」に挑戦しようと思い立った者が、右のような帖文に行き当たってこれを読んだとしたら、おそらく出て来るのはため息だけであって、とても神理の具体的な意味を理解することは出来ないであろう。多くの数字が登場するだけでなく、文章自体があまりにも抽象的であるため、一見してチンプンカンプンに感じられるはずである。

本帖を解釈するには本帖だけでは足りず、他の帖（やピース）の助けが必要である。それは第一帖に登場する次のピースである。

五のイシがモノ言うのであるぞ、開けば五十となり、五百となり、五千となる。握れば元の五となる

（五十黙示録第一巻「扶桑之巻《ふそう》」第一帖）

まず本帖（第十四帖）で「**光の中には百億の化物《けぶつ》ぢゃと申してあろう、百が千となり万となり億となるのであるぞ**」とある箇所に注目したい。「（神の）光」が「百億の化物《けぶつ》」となって顕現することを、「百が千となり万となり億となる」と述べているから、これは根源的な神の光（神力）が順次具体的なカタチとなって顕現し、拡大することを意味していると考えてよい。

そこで助けとなる第一帖のピースでは「**五のイシがモノ言うのであるぞ、開けば五十となり、五百となり、五千となる。握れば元の五となる**」とあるが、本帖の文章も基本的にこのことと同義であると考えられる。

また本帖には、「**今までは四の活物と知らせてありたが、岩戸が開けて、五の活物となったのであるぞ**」とあることに対して、第一帖では「**五本の指のように一と四であるぞ**」と示されており、「五の活物」と「五本の指」が対比される形になっている。

「五本の指のような一と四」とは、「一」が親指を指していて、「四」が残り四本の指を指しているが、親指はその名の通り「親」となる最も大事な指であって、これがなければ手に力が入らず物をしっかり摑むことが出来ない極めて重要なものだ。

つまり「今までの四の活物（四本の指）」には、最も大事な「一の活物（親指）」が欠落していたということになるのだ。

第一帖は「指」の例で説いているが、このことは「一（親指）」が「〝」に相当し。「四（残りの四本の指）」が「〇」に相当すると置き換えて考えることが出来る。

すると本帖に示す「今までは四の活物」とは、第一帖の「四本の指」と同様に「〇」に相当することになるが、「岩戸が開けて、五の活物となった」のであるから、これはそれまで欠けていた「一の活物（第一帖では親指）」すなわち「〝」が復活して「四の活物」と結ばれたということに他ならない。

このことは「**岩戸が開けた**」のであるから、当然の道理である

本帖には「活物《かつぶつ》」と「化物《けぶつ》」という不思議な表現が登場しているが、これは第一帖の根本数

「五」が「活物」に相当し、「五十、五百、五千」などが「化物」に相当すると考えればピタリと整合する。

つまり（何度も述べているように）「五」であり「活物」である根源の神の力（光）が、「化物」すなわち「五十、五百、五千……」のように具体的なカタチで顕現し、拡大天界する神仕組を指している言葉なのである。

なお老婆心ながら、「化物」という語感から、これを「バケモノ、怪しげなモノ」のように捉えることのないように、注意を促しておきたい。「変化する物」と理解した方がより適切である。

●天の光は「白、青、黄、赤、黒」の五色

そしてその「五（＝活物）」の正体について本帖には、「**五が天の光であるぞ、白、青、黄、赤、黒、の色であるぞ**」とある。「天の光」が「根源の神の光（神力）」であるが、これを色で表せば「白、青、黄、赤、黒」の五色であると示されている訳である。

従ってこの「白、青、黄、赤、黒」の五色は、根源的な「色霊《いろたま》」と捉えることが出来る。

このうち「赤、青、黄」の三色は「色材（絵具）の三原色」を構成するものであり、これにモノトーンである「白、黒」が加わったものが根源の「色霊」ということになるようだ。

これに関連する話として、人類の祖先が「五色人」であったという説もあるが、この五色人の色も同様に「白人、青人、黄人、赤人、黒人」であることは注目すべき情報であって、とても偶然の一致とは思われない。

順序が逆になったが、ここまでが「五の活物（＝五本の指）」に関する考察である。次に本帖の前半分の考察に移ろう。次のものだ。

神の御座《みくら》のまわりには十の宝座があるぞ、十の宝座は五十と五十、百の光となって現われるのであるぞ、大摩邇《まに》は百宝を以《もつ》て成就すると知らせてあろうがな、五十種の光、五十種の色と申してあろうがな

●十の宝座は百の光となって現われる

ここで注目すべきは「**大摩邇**《まに》」である。「大摩邇」とは「摩邇」に「大（美称）」を付けたものであるが、「摩邇」そのものの辞書的な意味は次のようなものである。

麻邇（まに）とは、一般には「摩尼」と書き、梵語の mani の音訳で、「①宝石。宝玉。濁水を清らかにする不思議な働きがあるとされる。②如意宝珠のこと（龍王の脳の中から出たといわれる宝珠で、何でも願いをかなえる宝）

つまり「大摩邇《まに》」に込められた意味は「神仕組を完全に成就させる」ことだと思われるが、そのためには「**（大摩邇は）百宝を以《もっ》て成就すると知らせてあろうがな、五十種の光、五十種の色と申してあろうがな**」とならなければならないとされている。ここで「百宝」とは「五十種の光」と「五十種の色」（を合わせたもの）と示されているが、これにはどんな意味があるだろうか？　何故「五十種の光」と「五十種の色」を合わせなければならないのだろうか？

こうすることによって「成就する」仕組とは何であろうか？

このように申せば、読者もお分かりになるのではないだろうか？　それは、神仕組の根本である「**陽**」と「**陰**」が結ばれることと捉えるのが最も神意に適っている。何故なら、神仕組の成就には「陽」だけではならず、ましてや「陰」だけでもならず、必ず「陽」と「陰」が結ばなければならないからである。これが「岩戸開き」の要諦だからである。

つまり「百宝」とは「陽（＝五十種の光）」と「陰（＝五十種の色）」が結ばれることを意味しているのである。

ここまで解ければ、本帖始めの「**神の御座《みくら》のまわりには十の宝座があるぞ、十の宝座は五十と五十、百の光となって現われるのであるぞ**」も解くことが出来る。要するに、これまで述べて来た根源の光（神力）である「五」には「陽」と「陰」の二つの側面（働き）があると捉えればよいのである。

「十の宝座」とは「陽の働きをする五」と「陰の働きをする五」を合わせて表現したものであり、それが顕現して拡大発展することになるから「十の宝座は五十（の陽）と五十（の陰）を合わせて百の光となって現われる」と表現されているのである。

注：なおここでいう「百の光」と、前述の「五十種の光」はどちらも「光」が入っているが、その

意味は異なることに注意されたい。「百の光」は「五十の陽と五十の陰」が合わさったものであるが、「五十種の光」は「陽」のみを指していて、これに「陰」である「五十種の色」が結ばれなければ「百の光（百宝）」にはなり得ない。

以上のように解読し説明して来たが、おそらくこれを読んでいる読者は混乱しているに違いない。あまりにも抽象的かつ観念論的であるから、頭の中の整理がつかないのではないかと思う。偉そうに書いている私自身も、初めはそうだったのである。誠にもって「黙示録」と称されるだけあって、複雑かつ難解である。

そこで、頭の中の情報を整理するための一助として、本帖と第一帖に登場する色々な言葉や表現について、「同じ意味（＝同じ神理や神仕組）」であろうと考えられるグループに分類して纏めたものを提供しておきたい。参考にされたい。

【根源の神力「五」を表すもの】
・五のイシがモノ言うのであるぞ
・五本の指のように一（親指、ヽ）と四（他の四本指、〇）であるぞ

・伊邪那岐《イザナギ》三となり伊邪那美《イザナミ》二となりなりてミトノマグワイして五となる
・五は三百六十であるぞ
・岩戸が開けて、五の活物となったのであるぞ
・五が天の光
・白、青、黄、赤、黒の五色が天の光

【根源の神力が発動し拡大展開する様子を表すもの】
・開けば五十となり、五百となり、五千となる
・五千連（イチラ）ぞ、五十連《イツラ》世に出るぞ
・光の中には百億の化物《けぶつ》ぢゃ
・百が千となり万となり億となる

【右の二つに「陽」と「陰」の働きを加味した場合の表現】
・十の宝座は五十と五十、百の光となって現われる
・大摩邇《まに》は百宝を以《もっ》て成就する
・五十種の光、五十種の色

以上のようになるが、これで少しは整理出来たであろうか？ いつも申していることだが、言葉や表現が異なっていれば、それぞれが異なる意味を持っている（はずだ）と決め付けると〝ドツボ〟に嵌《はま》って訳が分からなくなってしまうことを肝に銘じて頂きたい。

日月神示を降ろした神は、同じ神理や神仕組であっても、文脈に応じて多様な言葉や表現によって示し、人間側の解釈が固定的にならないように配慮されているのである。多様な言葉や表現の奥に神理があるということだ。

第十五帖

百不足八十隈手《ももたらずやそくまで》いまひらかん時ぞ。天のことは今までは人民にはわからなかったのであるぞ、時めぐり来て、岩戸が開けて、わかるようになったのぞ、今までの人民であってはならん、地そのものが変わっているのであるぞ、人民は我《が》が強いから一番遅れているのであるぞ、人民の中では宗教人が一等遅れているぞ、神人《かみひと》とならねば生きては行かれんのぢや、天地がアメツチとなってきているからぞ、天も近うなるぞ、地も近うなるぞと気つけてありたのに目覚めた人民少ないぞ、今に昇り降りで忙しくなり、衝突するものも出てくるぞ、他人におんぶされたり、車に乗せられていた人民たちよ、もうその時は過ぎているのであるから、自分の足で歩まねばならんぞ、大地を踏みしめよ、大地の気が身内に甦るぞ。

〈考察〉

百不足《ももたらず》八十隈手《やそくまで》いまひらかん時ぞ。

「扶桑《ふそう》之巻」最後の帖の冒頭にもやはり「五七七」調の「片歌」である。「**百不足**《ももたらず》」とは「百に満たない」意であって、「八十」や「五十」などにかかる枕詞《まくらことば》である。「**八十隈手**《やそくまで》」には「数多くの曲がり角」という意味があるが、これでは片歌全体の意味が採れないので、「八十」と「隈手」を分けて考えたい。すると「八十」には「多くの」という意味があり、また「隈手」には「人間界以外の世界、あの世、幽界」の意味があることから、片歌全体の意味は、「あの世の多くの秘密が今開かれる時になった」のようになると思うがどうだろうか？

では本文について考察するが、本帖は複数のテーマがあるので、四つの文節に区切って見て行くことにする。最初は次のものである。

天のことは今までは人民にはわからなかったのであるぞ、時めぐり来て、岩戸が開けて、わかるようになったのぞ、今までの人民であってはならん、地そのものが変わっているのであるぞ

●時めぐり来て岩戸が開いた

この文節の文章自体はさほど難しいものではないが、秘められた神意は重大である。何故なら、今まで人民にはわからなかった「**天のこと**」が「**時めぐり来て、岩戸が開けて、わかるようになった**」と示されているからであって、要するにこれは、極めて大きな神仕組の時節が到来したことを意味しているのである。

何よりも「時めぐり来て、岩戸が開けた」ことが重要であるが、ではその最初の時は何時《いつ》であっただろうか？　これについては（これまでも述べて来たように）昭和20年8月6日、広島に原爆が投下された日に降ろされた次の神示によって明かされている。

岩戸開きのはじめの幕開いたばかりぞ

（第十二巻「夜明けの巻」第十一帖）

つまりこの時を境にして、人民にも「天のことがわかる時節に入った」ということである。と言ってもこの段階では「岩戸開きのはじめの幕」が開いただけであるから、「天のこと」が何もかも一度に分かるということではない。人民の「身魂磨き」の深化の度合に比例して分かるようになると解さなければならない。

なお「天のこと」とは「神界のこと、神仕組、神意」のように捉えることが出来るが、それが「わかる」ためにはどうすればよいのだろうか？

心配は要らない。神はちゃんと「わかる」ための「教科書」を与えてくれているのだから。

お分かりだろう。つまりそれが「日月神示」の「基本十二巻（＝第一巻「上つ巻」から第十二巻「夜明けの巻」までの十二の巻）」と呼ばれているものである。

この「基本十二巻」は右の原爆投下からわずか4日後の8月10日、昭和天皇の御聖断によって、日本がポツダム宣言を受諾し連合国へ降伏することが決められた日に完結している。そのことを明確に示しているのが次の神示である。

この巻「夜明けの巻」とせよ。この十二の巻よく肚《はら》に入れておけば何でもわかるぞ。無事に峠越せるぞ。

（第十二巻「夜明けの巻」第十四帖、昭和20年8月10日）

右の神示で「**この十二の巻**」とあるのが、いわゆる「基本十二巻」のことであり、これを「**よく肚に入れておけば何でもわかる**」と神が断言していることから、敢えて「教科書」と表現したのである。

このように重大な時節になっているのであるから、「**今までの人民のまま**」であってよいはずがないのは自明の理である。「今までの人民」から脱するには「身魂磨き」しかないことは、もう十分にお分かりだろう。

なお「**地そのものが変わっている**」とは、日本の「岩戸」が開けたことによって日本の国土が本来の「神国土」つまり「国常立大神の御身体《おからだ》」として復活したと解釈すればよいと思われる。と言っても、人民の肉眼で見えるようなものではないが。

では次の文節である。

> 人民は我《が》が強いから一番遅れているのであるぞ、人民の中では宗教人が一等遅れているぞ、神人《かみひと》とならねば生きては行かれんのぢや

●宗教人は我が強い人民の中で一番遅れている

この帖文は、「**人民が一番遅れている**」ことの理由として、「**我《が》が強い**」からだと述べている。

では「何」に対して「遅れている」のかと言えば、それは前の文節に登場している「天のこと」に対してである。「天のこと」とは、具体的に神仕組や神理のことと理解してよい。

つまり人民の智や学、或いは常識などは、神仕組や神理から大きく乖離しているか、或いは

ズレているということだが、大事なことはその原因が「我《が》が強い」と指摘されていることだ。勿論、ここでいう「我」とは「自我」のことであって「真我」のことではない。「我」という一語には「自我」と「真我」の両方の意味があるから、よくよく峻別しなければならないのである。

また「**人民の中では宗教人が一等遅れている**」とは些《いささ》か衝撃的な指摘であるが、要するにこれは「人民の中では宗教人の我が最も強い」ということの裏返しでもある。「我（自我）」の性質や働きにも色々あるが、私は宗教人の「我（自我）」の最大のものは「**独善**」であると考えている。「独善」は「我れ善し」の極まった状態であるから、宗教人が「一等遅れている」と指摘されるのは当然のことである。

少し横道に入るが、では神の御用を命じられ「神業」に奉仕した岡本天明と彼の同志たちの「我《が》」は強かったのだろうか？　それとも弱かったのだろうか？　読者はどちらだと思われるだろうか？「神業」に奉仕する身魂たちであるから、常識的には「我が弱かった」と思う読者が多いかも知れないが、実際は逆である。彼らの「我」は強かったのである。

天明の「我」が強かったことは、補巻「月光の巻」に何度も登場しているが、彼を含め「因縁の身魂」として使われる者たちの「我」は総じて強かったのだ。このことは次の神示にハッキリと示されている。

こんなになったのもこの方等《ほうら》が我《が》が強過《つよす》ぎたからであるぞ。我出すなと申してあろう。この度のイワト開きに使う身魂《みたま》は、我の強い者ばかりが、めぐりだけのこと償《つぐな》って、償うことぞ。天地構う神でも我出せんことであるぞ。神々様も懺悔《ざんげ》して御座るぞ。まして人民。

（第二十四巻「黄金《こがね》の巻」第二十五帖）

この帖文には「**この度のイワト開きに使う身魂《みたま》は、我の強い者ばかりが、めぐりだけのこと償《つぐな》って、償うことぞ**」とハッキリ書かれているように、天明たちは「我」が強く、これに加えて「償うべきメグリ」を抱えていたのである。

さてそうすると、必然的に「神は何故、我の強い者を因縁の身魂に選んだのか？」という疑問が出て来るだろうが、これに対する答えは簡単である。

それは「我（自我）」が強いことの裏返しは、「真我」の力もそれだけ強いということだからである。その「真我」は「身魂磨き」の結果として復活するものであり、それが「神人」への道でもある。「**神人《かみひと》とならねば生きては行かれんのぢゃ**」とはこの意であり、「我(自我)」を強く出す者は「ミロクの世」で生きて行くことは出来ないのである(それ以前に「ミロクの世」に入ることも出来ない)。

では次の文節に移ろう。

天地がアメツチとなってきているからぞ、天も近うなるぞ、地も近うなるぞと気つけてありたのに目覚めた人民少ないぞ

●目覚めた人民は少ない

この部分は先に登場した「**地そのものが変わっている**」ことに通じるものであろう。「(今までの)**天地(あめつち)**」が「アメツチ」となっていると書き分けられているのは、「天地」は「岩戸が閉められていた時の天地」のことを指しており、一方の「アメツチ」は「岩戸が開けた後の天地」を指すと捉えられる。

次に「**天も近うなるぞ、地も近うなるぞ**」とは、人民の「身魂磨き」が深化して霊的な覚醒が進めば、「天」と「地」が単なる物理的な存在ではなく、人間と同様、大神によって生み出された霊的な存在であることに気が付く、という意味であろう。

霊的には人と天地は絶対に切り離せないのであるが、神の目には「**目覚めた人民少ないぞ**」と映っているのが現状なのである。

続いて最後の文節に移る。

今に昇り降りに忙しくなり、衝突するものも出てくるぞ、他人におんぶされたり、車に乗せられていた人民たちよ、もうその時は過ぎているのであるから、自分の足で歩まねばならんぞ、大地を踏みしめよ、大地の気が身内に甦るぞ。

●自分の足で歩き、大地を踏みしめよ

右に示す本帖最後の文節は、「岩戸」が開け天地自然が「**アメツチ**」に成り行く時節における人民たちの生き方や振る舞いについて述べたものである。「**昇り降りに忙しくなり**」とは、

別に階段やエレベーターで上に行ったり下に降りたりすることが頻繁になるということを述べているのではない。

これは「身魂」が深化する者（＝昇り）と、反対に「メグリ」を積んで劣化する者（＝降り）が、ハッキリとしかも「急激に」出て来るということである。このように解釈しなければ全体の意味が通じない。

要するにこのことは「神人」に成り行く者と、「獣人」に堕ちる者に二分されるということであり、神仕組では「**五六七《みろく》の仕組**」と言われているものを指しているのである。「岩戸」が開いて「新世界（＝ミロクの世）」に移行する時には必ずこのような事象が起こるが、そのための舞台がいわゆる「**立て替えの大峠**」という混沌と混乱が渦巻く場なのである。

「**衝突するものも出てくる**」とは、「神人」に成り行く者と「獣人」に堕ちる者の間で摩擦や衝突が発生することであろうが、これは両者が同じ地上世界の同じ空間にいる限り避けることが出来ない宿命である。

残りの帖文は特に説明の要はないだろう。「**自分の足で歩まねばならんぞ、大地を踏みしめ**

よ」と示されている通りである。誰も「あなた」にとって替われる者などいないのだから。

〈第一巻「扶桑《ふそう》之巻」了〉

【片歌に関する補足と私的旋頭歌《せどうか》論】

第一巻「扶桑之巻」は全十五帖から成るが、第二帖以降の各帖には冒頭に「五七七」調の短い文章（片歌）が降ろされている。当初私はこれらの文章が古文体であることから、何らかの古文書からの引用か、或いは祝詞の一部ではないか？　などと考えていた。同時に「五七七」の律が圧倒的に多いことから、和歌の一種である「片歌《かたうた》」の可能性もあると思っていた。

しかし、個々の帖の冒頭文を幾ら読んでもそれ以上のことは分からず、その後に続く帖文（便宜的に「本文」と称している）との関連性も見出し難く（と言うよりほとんどなく）、要するにどこか「浮いている」感じがする文章なのである。

それならば第二帖から第十五帖まで全部の冒頭文を集めて総覧すれば、何か手掛かりが得られるかも知れないと思い立ち、以下のように纏めて見た。今一度、読者にも目を通して頂きたい。

・中臣《なかとみ》の太祝詞言《ふとのりとごと》ふとにのりあぐ

・高天原《たかあまはら》に千木《ちぎ》高《たか》しりて仕《つか》へまつらむ
・罪穢《つみけが》れ、今はあらじと祓《はら》へ給《たま》いそ
・八塩路《やしおじ》の塩《しお》の八百会《やほあい》母いますくに
・はらひため千城《せんじょう》 百国《ひゃくこく》精治《せいち》万歳《まんぜい》
・岩隠れし比売《ひめ》のミホトは焼かへ給いて
・平坂の岩戸ひらけむ音のきこゆる
・ささげてむ和稲《わしね》荒稲《あらしね》横山のごと
・赤丹《あかに》の頬にきこしめしませ御酒《みけ》たてまつる
・沖《おき》つ藻葉《もは》辺津藻葉《へつもは》ぞ
・進《たてまつ》る宇都の幣帛《みてくら》きこしめしたべ
・称言《たたえごと》太祝詞《ふとのりと》こと今ぞ高らに
・青海原青垣山の内に御子生る
・百不足《ももたらず》八十《やそ》隈手《くまで》いまひらかん時ぞ

何かが分かるかも知れないとの期待を持って、改めてこれらを総覧して見たが、残念ながら全体としての統一感がなく、勿論一連の流れのある文章にもなっていないことが分かった。言葉は悪いが、要するにそれぞれの冒頭文は「ブツ切り」感が拭えないである。
このことから、何らかの古文書や祝詞の一部を引用したものである可能性はない、と判断したのである。

すると残った可能性は、やはり「五七七」調の「片歌《かたうた》」ということになるので、これについて色々調べて見た。と言っても私自身は「片歌」はおろか俳句や短歌などにはまるでうといので、「色々調べて見た」と言ってもにわか仕込みの膏薬《こうやく》張りに近いものであることを正直に告白しておく。読者はその点を踏まえて読み進んで頂きたい。

まずはそもそも「片歌」とは何か？　から入らなければならないが、「片歌」とは語意的にも「片方の歌」という意味であり、実際「片歌」ひとつだけでは不完全とされている側面もあるのだ。片歌が完全なものになるためにはもう一つ別の片歌が必要であり、この二首を合わせて「旋頭歌《せどうか》」と呼ばれている。以下、「片歌」と「旋頭歌」という二種類の言葉が頻繁に登場するので承知の上で読み進めてもらいたい。

旋頭歌と片歌は和歌の一種であり、奈良時代には広く詠まれていたと言われている。明治時代以後、万葉調の復活を唱えた正岡子規《まさおかしき》、窪田空穂《くぼたうつぼ》らの歌人によって、旋頭歌の歌体を源流とする混本歌が作られたが、定着することなく次第に詠まれなくなった。

このため、現在は旋頭歌、片歌に関する情報が非常に少なく、日常生活で触れる機会もほとんどないため、一般にはなじみのないものとなっている。


片歌とは古代歌謡の一つで、「五七七」の三句、計一九音からなる歌である。この片歌を二首合わせたものが「旋頭歌」と呼ばれるものである。旋頭歌は「五七七」の片歌を二回繰り返した二首六句から成り、上三句と下三句とで詠み手の立場が異なるものが多く、「五七七」の片歌を二人で唱和、または問答したことから発生したと言われている。

思わず口から出る感情を「五七七」で表現した片歌に、同じ「五七七」の片歌で返したものが組み合さって旋頭歌になったとされている。

短歌が一人で詠むことを基本とすることに対し、旋頭歌は複数の人々によって詠まれるものであることから、必然的に集団での歌謡としての色合いが濃くなり、何らかの神事や市《いち》で人々が集まり、自然発生的に詠まれたと考えるのが自然である。

全二十巻からなる『万葉集』には４５００首以上の和歌が収められているが、そのうち旋頭歌は62首、『万葉集』以外では『古事記』に2首、『日本書紀』に1首、『琴歌譜《きんかふ》』に1首、『古今和歌集』『拾遺《しゅうい》和歌集』『千載《せんざい》和歌集』などに数首が収録されているという。『万葉集』に収録された旋頭歌の一例を挙げておこう。

住吉《すみのえ》の　小田《おだ》を刈らす子　奴《やつこ》かもなき
奴あれど　妹《いも》がみために　私田《わたくしだ》刈る（一二七五）

（現代語訳）
住吉の小田を刈っておいでの若い衆、奴はいないのかね。
何の何の、奴はいるんだが、いとしい女子のおためにと、私田を刈っているのさ。

注：「奴《やつこ》」は「下僕、しもべ」の意。

右の旋頭歌は「奴《やつこ》」と「稲刈り」を共通テーマとして、一方が「五七七」の片歌で問い掛けることに対して、相手が同様に「五七七」の片歌で答を返している。この二つを合わせて旋頭歌という訳である。

片歌と旋頭歌に関する一般的な解説はこの程度に留めておくことにする。解説に当たっては、インターネット百科事典「Wikipedia」、及びウェブサイト「Travel Book」中の【伝統芸能】の記事を一部引用させて頂いたことを表明しておく。

ところでもう一つのそもそも論として、何故日月神示の中に「片歌」が登場しているのだろうか？　考えて見れば実に不思議なことではないか？

これについては「そんなことは日月神示を降ろした神様の勝手だろう」と言うことも出来るが、神が降ろした「片歌」であることを考慮すれば、これは明らかに「言霊」であって、神示の中のあちこちに降ろすことによって、天明たちに詠ませたのであろうと思われる。

それともう一つ、是非とも指摘しておかなければならない有力な情報というか手掛かりがある。それは岡本天明自身が片歌の熱烈な愛好者であったという事実である。天明は単なる愛好者の範疇を超えて自ら片歌の師匠となり、さらには「すめら歌社」という同人組織まで設立したほど片歌に打ち込んでいたのである。

日月神示の初発降下は昭和19年6月10日であるが、天明はそれより2年ほど前の昭和14には自宅に「日本俳画院」を設立し、俳画や片歌の師匠として生活の基盤を立てていた。また昭和15年9月には、「かた歌復興第一回研究会」を開催し、12月には「すめら歌社」という片歌の同人組織を結成した（天明は「片歌」を「すめら歌」と呼んでいた。「すめら歌社」もこれに由来する）。

すめら歌社に集う同人には軍人等が多く、全盛期には一万人規模まで拡大したというが、昭和19年になると、同人たちの徴兵や従軍による戦死者の増加、また物資の欠乏などから、すめら歌社は自然消滅する形で終焉を迎えている。

天明は「すめら歌社」の社主として生計を立てていたが、その道が閉ざされたことから、別の手段で生活の糧を得る必要が生じていた。ちょうどこの頃、天明に舞い込んだのが鳩森八幡《はとのもりはちまん》神社の「留守神主」就任の話であり、このことが天明の人生を大きく転換させていくことになったのである。すなわちここから天明と『日月神示』の関わりが始まることになる。

当時は大東亜戦争も後半に入っていたが、たまたま東京都渋谷区千駄ヶ谷にある鳩森八幡神社では、宮司の長男が学徒出陣で招集され、後を継ぐ男手がいなくなったため、神職の心得のある天明に「留守神主」の依頼が舞い込んだのであった。生活の糧を必要としていた矢先の天明は、それを引き受けることにした。昭和19年1月のことである。

読者もご存じのように、天明が自動書記によって『日月神示』を取り次いだのは、正しく鳩森八幡神社の留守神主になってからなのである。

このように岡本天明は、「因縁の身魂」として日月神示を取り次ぐようになる直前まで、「片歌(すめら歌)」に深く関わっていたのである。日月神示の中に五七七調の片歌が降ろされている背景の一つには、天明のこのような事情があったものと思われる。

天明の片歌に対する考え方は、「五七五律の俳句は退廃的だが、五七七律のすめら歌のリズムは弥栄《いやさか》がある」というものであった。俳句を「退廃的」と言い切るあたりに、天明の性格が滲《にじ》み出ているように感じられる。

ここで参考までに、天明が詠んだ片歌(すめら歌)を幾つか挙げておこう。ちなみに天明の場合は旋頭歌の形をとっていないことに特色がある。

山行きつ歌唄ひつつ温泉《いでゆ》にいたる　（群馬県法師温泉にて）
アカシアの並木はつきずひねもす行かむ　（前橋の利根川沿いのアカシア並木を散策して）
山門は傾きおれど草さかんなり　（昭和14年頃の唐招提寺の風景）
老母《はは》の背のいたく細りぬ三年見ぬまに　（天明が母と三年ぶりに再会した時の情景）

なお、岡本天明と片歌の関わりについては、黒川柚月氏の『岡本天明伝』（ヒカルランド）を参考にさせて頂いた。

さて前置きが長くなったが、「扶桑《ふそう》之巻」第二帖から第一五帖の冒頭に書かれている「片歌」を眺めていると、私はこれらの片歌を二首組み合わせると旋頭歌になるのではないか？　と思うに至ったのである。降ろされた帖の順番通りに並べて読んだだけでは、全体としての意味や統一感がなく、あるいは一連の流れを持った文章にもなっていないため、「ブツ切り」感が強いことは既に述べた。

しかし以下に示すように、共通するテーマや内容を持つものを二首並べると、どうも単なる片歌の集合というよりは、二首を組み合わせた旋頭歌としても成り立つのではないか？　との感を強く持ったのである。

と言っても私自身は片歌も旋頭歌も全くのド素人であるから、このような捉え方でよいとの確信はこれっぽちもない。そのことは百も承知しているが、ここはやはり日月神示の研究者として、自分の解釈というか見解の一端を書き留めておきたい願望もあり、それに従うことにした次第である。この分野に通じている方にはご批判とご教示を賜りたいと思う。

以下、拙い旋頭歌論をお届けする。

・称言《たたえごと》太祝詞《ふとのりと》こと今ぞ高らに
・中臣《なかとみ》の太祝詞言《ふとのりとごと》ふとにのりあぐ

この二首は「太《ふと》祝詞の奏上」が共通のテーマである。前者は「称言《たたえごと》」としての祝詞のことであり、後者は「中臣祭文（大祓詞）」のことであるが、それらを「今ぞ高らに」とか「ふとにのりあぐ」とあるから、声高く朗々と奏上する様を表している。

「ふと（太）」とは接頭語で「りっぱな」「壮大な」「神聖な」などの意を表し、天皇や神道にかかわる儀礼などに関する名詞・動詞に付けることが多い。

注：称言《たたえごと》（または称辞）とは「徳をあげてほめたたえることば」の意。

・ささげてむ和稲荒稲《わしねあらしね》横山のごと
・沖《おき》つ藻葉《もは》辺津藻葉《へつもは》ぞ（神に捧げ奉らむ）

この二首は神前に供える「神饌《しんせん》」が共通のテーマである。但し本文でも述べたように、後者の「沖《おき》つ藻葉《もは》……」は五七七調ではないのが難点である。後半に「神に捧げ奉らむ」のような句を繋げば片歌になるので、その線で考えた次第である。

神饌として見た場合、「和稲荒稲《わしねあらしね》」が大地の恵み、「沖《おき》つ藻葉《もは》と辺津藻葉《へつもは》」は海の恵みであるから、バランスとしては完璧である。

・高天原《たかあまはら》に千木高《ちぎたか》しりて仕《つか》へまつらむ
・進《たてまつ》る宇都の幣帛《みてくら》きこしめしたべ

この二首は「大神様に仕える」が共通のテーマである。高天原《たかあまはら》に千木《ちぎ》が高く聳《そび》える大きな社《やしろ》を建立し大神様に仕え奉るという前者に対して、社の御神前に幣帛《みてくら》を奉りますのでどうぞお聞き入れくださいというのが後者である。

注：「千木《ちぎ》」とは神社の建物様式の一つで、屋根の最上部にある構造物。空に向かってV字型に開いている出っ張りのことである。これが高いほど社の規模も大きいとされる。

・岩隠れし比売《ひめ》のミホトは焼かへ給いて
・八塩路《やしおじ》の塩《しお》の八百会《やほあい》母いますくに

「比売《ひめ》」とは「ミホト」が焼かれて死んだ「イザナミ神」のことで、死んで「岩」に隠れたとあるが、後者は遥か海の彼方に死んだ母（イザナミ神）の国がある、と歌っていると思われる。よって共通するテーマは「イザナミ神」である。

・青海原青垣山の内に御子生る
・赤丹《あかに》の頬にきこしめしませ御酒《みけ》たてまつる

この二首は一見すると共通テーマが無いように思えるが、「御子（てんし様？）が生まれたことの喜び」を表す旋頭歌と捉えれば、無理なく整合する。前者は、青い海に囲まれ山々の木々が青々と茂ったこの美しい国に御子がお生まれになった、何と喜ばしいことだろうと歌い、後者はそれを受け、喜びの祝宴（直会《なおらい》）で臣民たちが頬を赤くして酒を飲む様を表したものと捉えれば、二首の意味は通じると思うがどうだろうか？

・平坂の岩戸ひらけむ音のきこゆる
・百不足《ももたらず》八十隈手《やそくまで》いまひらかん時ぞ

この二首は「岩戸開き」が共通のテーマである。「平坂」とは「黄泉比良坂《よもつひらさか》」のことであり、イザナギ神とイザナミ神が離別した場所であって「最初の岩戸閉め」の象徴でもある。その「岩戸」が開く音が聞こえるというのだから、間違いなく「岩戸開き」である。

後者の「八十隈手《やそくまで》」とは「（地上界に対する）あの世」のことと捉えられ、それが「いまひらかん時」なので、「あの世の秘密が今開かれる時になった」という意味になる。

・罪穢《つみけが》れ、今はあらじと祓《はら》へ給《たま》いそ
・はらひため千城《せんじよう》 百国精《ひやくこくせい》治《ち》万歳《まんざい》

この二首の共通テーマはズバリ「はらひ（祓い）」である。前者は「罪や穢れを祓って取り除く」の意であり、後者は罪や穢れが祓われた「てんし様の御国」を慶賀する歌であると思われる。

以上が私の旋頭歌解釈である。繰り返すが、私はこの分野には全くのド素人であるから、あくまで参考程度にお読み頂きたい。

最後に一点付言すると、「扶桑《ふそう》之巻」は全十五帖から成るが、片歌は第一帖には降ろされておらず、第二帖から第十五帖の冒頭に降ろされている。これにより降ろされた片歌の合計は十四首となるが、この十四首を二首ずつ組み合わせると、丁度七首の旋頭歌が出来る。考え過ぎかも知れないが、このことが第一帖に片歌が降ろされていない理由の一つなのかも知れない。

〈片歌に関する補足と私的旋頭歌《せどうか》論　了〉

【第一巻「扶桑《ふそう》之巻」あとがき】

〈何故「あとがき」を書くのか？〉

五十黙示録第一巻「扶桑《ふそう》之巻」全帖の考察を一通り書き終えたが、読者はどのような感想を持たれただろうか？　これまでに私が出した日月神示解説書の内容と比べて、かなりニュアンスが異なることを実感されたのではないだろうか？　そしておそらく「何だかよく分からない」というのが正直な所だと思う、

そこで、このようなことを少しでも緩和するために、各巻の考察が一通り終わった段階で「あとがき」を設け、全体的な振り返りや補足説明、或いは各帖間の関連性などを書いておくことにした。読者のよい参考になることを願っている。

本書の「はじめに」で述べたように、五十黙示録の内容は極めて抽象的であり、観念論的であり、降ろされている神仕組や神理の内容が凝縮されており、そして数字（数霊）が多く登場しているため、全体として極めて難解である。一読してサッと理解出来るようなものではない。

しかも所々に「片歌」が登場しているため、余計に複雑になっている事情もある（片歌はこれからも数多く登場する）。

初めは違和感と戸惑いが付きまとうと思うが、ここで踏ん張って諦めずに付いて来て頂きたい。回を重ねる毎に神理と神仕組のベールが剥がれて、より深い奥義が見えて来るはずである。

このため「基本十二巻」で降ろされなかった神仕組や神理の奥義と言うべき重要な内容が登場した場合は、最初は知識としてでもよいので、頭の中に入れることから始めて頂きたい。

〈五十黙示録を理解するための四大ポイント〉

その意味で「扶桑《ふそう》之巻」は五十黙示録の最初の巻であり、第一帖から第三帖において降ろされた次の四点は五十黙示録全体を理解する上で特に大事であるから、しっかりと押さえておいて頂きたい。

◎神仕組の根本数は五であり、これが五十、五百、五千と展開する。握れば元の五になる。

◎今度の立て替え（岩戸開き）では地上世界だけではなく、三千世界全てが大グレンする。

◎数霊は〇（霊）から生まれ、一は一、二は二である。一を幾ら集めても二にはならない。

◎岩戸が開けてもしばらくは不合理なことばかりが出て来る（世界は混乱と混沌の極みに落ちる）。

〈神仕組や神理が短い文章に凝縮されている例――第四帖関連〉

次に五十黙示録が「難解」であることの例としていくつかの帖を採り上げて見よう。まず第四帖の本文（片歌を除いた帖文）である。

空白とは九八九であるぞ、八と九、九と八の境を開くことが岩戸を開くことぢゃ、空白とは最も根本をなす最も力あることであるぞ。

この帖文を一読してストンと胸落ちする者は誰もいないだろう。私には絶対無理である。私が五十黙示録を解読解釈するに当たっては、これまで積み上げて来た「基本十二巻」に降ろされている神理や神仕組、またそのプロセスなどを基礎として、そこから更に深掘り、また推理するなどの方法によっている。

右の第四帖は「**八と九の境を開くことが岩戸を開くことぢゃ**」とあり、また「**空白とは最も**

根本をなす最も力あることであるぞ」と示されていることが、解釈する上で大きな手掛かりになる。つまり「空白」とは「岩戸開き」に関することであって、同時に「世の元の大神」様の「神力」発現に関係していることが見えて来るのである。

かと言って「岩戸開き」の何たるかを理解していなければ、そこから先には進みようがないことは誰にでも分かることだ。さらに「岩戸開き」の前には「岩戸閉め」があったのであるから、神仕組全体を真に理解するには結局「岩戸閉め」にまで遡らなければならないことも明らかなことである。

これが「神仕組や神理が短い文章に凝縮されている」ことの具体例であって、日月神示の上っ面だけをかじった程度の者が「五十黙示録」に挑戦しても、キチンと読み解くことはほとんど不可能であると言ってよい。

なおさらに言えば、「空白」とは、第二帖に登場する「〇（レイ）」及び「◎（レイ）」と同義であることも発展的に分かって来るが、このことは一つの帖文には一つのテーマが降ろされ、その帖だけで完結するというものではなく、あちこちの巻や帖に同じ神仕組や神理が言葉や表現を変えて降ろされていることの証でもあるのだ。これもまた、五十黙示録が難解であることの一因となっている。

何度も注意を喚起しているが、言葉や表現が異なっている場合、その数だけ別々の意味がある（はずだ）と思い込んでいると、結局訳が分からなくなるのがオチであるから、ここは特に注意して頂きたい。

確かに色々な言葉や表現を使ってあれこれ降ろされているので、一見、複雑怪奇のようにも見えるが、神仕組と神理の奥義は「究極の一点」に収束収斂《しゅうれん》するものであることを忘れなければ、大きく道から外れることはないと思う。

〈数に囚われるとわからなくなる――第五帖関連〉

次にもう一つの例として第五帖を採り上げる。ここには「五十人の仁人」が登場しているが、この部分は人間の常識で幾ら考えても分かるものではない。関係文を再掲するので、もう一度よくご覧頂きたい。

五十人の仁人が出て来るぞ、仁人とは神人《かみひと》のこと、この仁人が救世主であるぞ、救世主

は一人ではないぞ。各々の民族に現われて五十人であるなれど、五十という数に囚《とら》われるなよ、五十人で一人であるぞ、数に囚われるとわからんことになり、岩戸閉めとなるから気つけおくぞ。

「**五十人の仁人**」と言いながら「**五十人で一人であるぞ**」とか、はたまた「**数に囚われるとわからんことになる**」とか、文意的には完全に矛盾している。まともに考えれば頭が混乱するだけでなく、五十黙示録そのものをぶん投げたくなる者が出るかも知れない。

だが、私が先に重要であるとして示した「**神仕組の根本数は五であり、これが五十、五百、五千と展開する。握れば元の五になる**」の神理を手掛かりにすれば、謎を解くカギになるのである。

基本は根本数「五」の顕現・拡大・発展が「世の元の大神」様の御神力発動を意味していることであり、これが「五→五十→五百→五千→五万……」のように大きな数字になるほど、御神力がどんどん細かくかつ具体的に展開される、ということである。

またこれが収束収斂すれば、「……五万→五千→五百→五十→五→一（世の元の大神）となることも無理なく理解されるはずだ。神の本質は「一神即多神即汎神《いっしんそくたしんそくはんしん》」で表現されるが、その意味はこういうことである。

もう少し深読みすれば、「五十」とは根本数「五」の次に来る数字であるから、逆に言えば最も根本数に近いものである。これを人間に当てはめれば「神に近い極めて霊格が高い身魂」と言うことが出来るから、「五十人の仁人」とか「神人」或いは「救世主」のような表現になるのは当然なのである。

この意味で「五十人の仁人」とは、「因縁の身魂」たちの中でも「神仕組の進展のため中心的な役割を担う身魂」ということになるから、「**各々の民族に現われて五十人**」ということにもなるのである。「仁人（神人、救世主）」は日本だけではなく、広く世界中に配置されているということである。

〈神の時間と人間の時間――第六帖関連〉

次に第六帖に登場する「**三年と半年、半年と三年**」、「**日は三日と半日、半日と三日**」、さらには「**五年と五年、五日と五日**」について補足しておきたい。

読者諸氏はこれらの〝期間?〟をどのように解釈されるだろうか? ここはおそらく解釈や見解が分かれる所であろう。

ただ「年と日」の関係については、例えば「人間世界の一年が神の一日に相当する」のように捉えることにはあまり異論はないと思う。私も大筋ではそのように捉えているが、ただ「人間の一年=神の一日」のようにキッチリと「固定」した関係ではなく、もっと柔軟に捉えるべきだと思っている。

これについて日月神示を「予言書」と信じ込んで(決め付けて)いる者は、「三年と半年、半年と三年」また「五年と五年」をそのまま人間世界の時間であると考え、「三年半または七年」そして「五年または十年」の期間を加味した「予言年表」のようなものを作りたがっているように見える。

このような者たちは、地上世界の未来は神によって寸分の狂いもなく詳細に決められていることを前提とし、日月神示はそのことを意図的にぼかしかつ抽象的に示して人間にとって分かり難くしていると考えているようだ。そしてその謎解きに執念を燃やすのである。

しかし、やはり私の考え方はこれとは根本的に異なる。第六帖には「三年と半年、半年と三年」などの期間について「**このこと間違えるでないぞ**」と明記されているだけでなく、他の巻（帖）には「（三千世界のことであるから）**早し遅しはある**」とか「（人民の身魂磨きの深化を）**待てるだけ待っている**」と降ろされているからである。

そして何よりも、神界の計画が「神界」→「霊界」→「地上世界」へと段階を経て降りて来ることはその通りだとしても、第十七巻「地震の巻」に見られるように、地上世界の人間の自由意志による言動や行動の結果が霊界や神界に〝逆写《ぎゃくしゃ》〟して、神仕組に影響（修正）を与えることも事実なのである。

つまり神界から地上世界への「絶対的な一方通行」などはあり得ないということだ。

神仕組の最終目的とそこに至るプロセスの大筋は神の計画として確立されているが、実行段階では必ず人間の自由意志（言動、行動）が介在（〝逆写〟）して影響を与えるため、その都度、神の計画は見直され、修正や調整が必要になるというのが私の見方であり、研究の大前提でもある。

今、人間の自由意志（言動、行動）の結果が〝逆写〟して神の計画の進展に影響を与えると述べたが、では神の計画の進展に最も大きく影響を与えるものは何だろうか？

言うまでもない、それが「**身魂磨き（の深化進展）**」である。人間の「身魂磨き」の進展度合によって「早し遅しはある」のであり、その「身魂磨き」が神の期待通りに進展しないため「待てるだけ待っている」ということになるのだ。

〈日月神示は逆説に満ちている――第八帖関連〉

第八帖では「**（ウシトラコンジンによる）救いの手**」なるものが登場し、私はこれがあの「3.11東日本大震災」であったと解釈出来ることを述べたが、読者の中にはこの解き方に異論（或いは反論）を持つ者がいると思う。神の仕組に人間を地獄に叩き落すような「逆説」などあるはずがない（或いはあってはならない）という思いや感情からである。

そこで日月神示の「逆説」について改めて強調しておきたい。

私の著書の一つに『日月神示は逆説に満ちている』（ヒカルランド）というものがある。タイトルにはハッキリと「逆説」の文字を入れているが、これは何も奇をてらって付けたものではない。

そうではなく、実際に神仕組とは人間の常識や価値観に照らせば「逆説」そのものであり、その度合いが大きければ大きい程、巨大な神仕組であると言っても差し支えないのである。

その最もよい例が（本文でも述べた通り）昭和20年8月8日、広島に原爆が投下された日に「（日本の）**岩戸開きのはじめの幕開《あ》いたばかりぞ**」という神示が降ろされた事実である（第十二巻「夜明けの巻」第十一帖参照）。

私はこれを「原爆の炸裂によって日本の最初の岩戸が開いた」と解いたのであるが、これを逆説（それも大逆説）と言わずして何と言えばよいだろうか？　この意味で第八帖の「（ウシトラコンジンによる）救いの手」が「3・11東日本大震災」と解くことには何の矛盾もないのである。

日月神示の神仕組が人間にとって何故「逆説」なのかと言えば、それは人類のほとんど全てが「体主霊従」の性来に堕ちているからである。神は「体主霊従」に堕ちて「我れ善し」に成り下がった人間に対して「身魂磨き」を促進させ、本来の「霊主体従」に戻そうとしておられるのだから、そのための神仕組が人間にとっては厳しい試練を与える「逆説」に映るのは当然の道理なのである。

日月神示を真面目に研究する者ほど「日月神示の内容は人間にとって極めて厳しく恐いものだ」と言うが、その理由もここにある。

〈五十黙示録の読み方——「拾い読み」はダメ〉

さて次は、五十黙示録の「読み方」について触れておきたい。日月神示を読む場合、第一巻から丹念に順番に読む者もいるだろうが、何らかの理由や都合によって、その都度あちこちを「拾い読み」をする者も多いと思う。別にこのことを批判する訳ではないが、私自身が「五十黙示録」の考察を通じてつくづく実感したことは、「拾い読みをしなくて本当に良かった！」ということであった。要するに最初から順序よく読むに限る、ということだ。

何故かと言えば、「五十黙示録」を当てずっぽうに「拾い読み」したのでは、神示の中に多数登場する「数字」に込められた意味が分からず、間違いなく途中で挫折していたはずだからである。困難ではあったが、五十黙示録を最初からコツコツと読んでいったことが、結局、道を開いてくれたのである。

これについて具体的に説明しよう。第十一帖には次のような「数字」だらけの帖文がある。

　母治《し》らす御国の五の働きはいずれも十のつばさを持っているぞ、足は十本であるぞ、さらに五十のつばさとなりなる仕組、五十の足がイツラぞ

五十黙示録を「拾い読み」をして右の帖文に遭遇した場合を考えて欲しい。一体、誰がこの帖文を神理に沿って的確に解読出来るだろうか？　正直、私には絶対無理である。

しかし、第一帖に降ろされている次の帖文を手掛かりにすればどうであろうか？

　五のイシがモノ言うのであるぞ、開けば五十となり、五百となり、五千となる。握れば元の五となる、五本の指のように一と四であるぞ、この方を五千の山に祀れと申してあろうが、これがイチラ（五千連）ぞ、五十連《イツラ》ぞ、わかりたか、五十連世に出るぞ

この帖文も難解ではあるが、ここでは神仕組上の根本数が「五」であり、「五」から拡大発展する様子を「五十」→「五百」→「五千」と表現していることから、これは「世の元の大神

様の神力発現」を意味していると解いた。

同様に「五十連《イツラ》」や「イチラ（五千連）」もその類《たぐい》の表現であることが分かっている。

このように、根本数「五」が「十倍」されて「五十、五百……」となることを基《もとい》とすれば、前述の**「五の働き、十のつばさ、足は十本、さらに五十のつばさ、五十の足」**は、このことにピタリと嵌《はま》ることが明らかになる。要するに「つばさ（＝天）」と「足（＝地）」に根本（五）の完全（十）な神力が顕現し、それが拡大発展することを「五十、五十連《イツラ》」だと述べているのである。

私はこのように解いているが、これは「拾い読み」では決して辿り着けなかった重大な解読のヒントであった。重要なことなので繰り返すが、神仕組の根本数は「五」で表され、その拡大発展が「五十、五百……」であり、また「五十連《イツラ》、五千連《イチラ》」で表されるということだ。

また「十倍」ごとに増えて行くのは、文字通りの「十倍」ということよりも、「十」が「完全」を意味しているからであって、神仕組の「完全性」を表しているからであろう。

これらのことを押さえておけば、次に「五」とか「五十」の数字が登場しても、解読解釈の大きな手掛かりになることは言うまでもない。現に私は第十二帖で「**日月神示は本来五十巻である**」と述べたが、この「五十（巻）」も同様の観点で理解することが出来る。日月神示を降ろして見たら、その数がたまたま「五十（巻）」だったなどということではないのだ。

それともう一つ、「五十」では動きがとれないため、「**中の一は動いてはならず、残りの四十九が動く**」という神仕組は、神文字「⦿」によっても表されるように、極めて重要であるからキチンと押さえておいて頂きたい。「四十九」という一見中途半端な数字が出て来る意味も、これで理解されるはずである。

以上、神仕組の根本数「五」について補足して来たが、実はこれで終わりではない。次は神仕組には必ず「表（陽）」と「裏（陰）」の両面があることを理解しなければならないのである。そのことを端的に表しているのが、第十四帖の「**十の宝座は五十と五十、百の光となって現われるのであるぞ**」という部分である。

これまでは神仕組の根本数が「五」であって、これが拡大発展して「五十」→「五百」→「五千」……のようになると説かれていたが、それが全てではなかったということでもある。

本文でも述べたように「神仕組」には必ず「表」と「裏」があって、それを「陽（の働き）」と「陰（の働き）」だと述べたが、根本数「五」が「十の宝座」になるには、「陽の五」と「陰の五」の両方の働きがなければならないということなのである。そしてこの神理を「大摩邇《まに》」という表現でも呼んでいる。

また「十の宝座」が「百の光」となって現われる原理も、同じように「陽」と「陰」の働きによるものである。「陽の五」が「陽の五十」に拡大し、同じように「陰の五」が「陰の五十」に拡大して、両者が結べば（和せば）「百の光」となる道理である。

このように「表（陽）」と「裏（陰）」の働きは神仕組の根本を成すものであり、両者が揃って「十→完全、十全」となるのである。

この状態が崩れて、どちらか一方だけが働いた場合は「不完全」になるのは自明であるが、「岩戸閉め」は正にこのような「不完全」な状態を〝意図的に〟創り出すために「世の元の大神」様が仕組まれた大神策であったということである。

〈人民は我《が》が強い──第十五帖関連〉

次に第十五帖に登場した「我《が》」について補足しておきたい。この帖では「人民は我《が》が強い」と指摘されているが、ここでいう「我」とは「自我」のことであって「真我」ではない。「自我」の基本的な性質は「**慢心、取り違い、欲深**《よくふか》**、近欲**《ちかよく》**、我れ善し、自己正当化、独善**」であるが、これらは全てネガティブなものばかりであって善いことは一つもない。「**人民は我が強いから一番遅れている**」とはこのことを述べているのだ。

また同じ第十五帖では「**人民の中では宗教人が一等遅れている**」と示され、「宗教人」が特出しにされている。「一番遅れている人民」の中で「宗教人が一等遅れている」と言うのだから、宗教人の「我」の強さは最大最強ということになる。そしてこのような宗教人の「我」の性質に最もよく適合するものは「**独善**」であると私は考えている。排他的な宗教（者）ほど独善になるのは誰にでも分かることだ。

しかし、である。一方において神は第二十四巻「黄金《こがね》の巻」第二十五帖で「**この度のイワト開きに使う身魂**《みたま》**は、我の強い者ばかりが、めぐりだけのこと償**《つぐな》**って、償うことぞ**」と明言しているのである。普通に考えればこんな奇妙な話はないだろう。繰り返すが「我（自我）」の性質は「慢心、取り違い、欲深《よくふか》、近欲《ちかよく》、我れ善し、自己正当化、独善」である。神がその御用を進展させるために使う岡本天明以下「因縁の身魂」たちは紛れもなく「宗教人」であるから、彼らの「我」は強く、当然「独善」に染まっていたはずなのに、である。

では、神が「独善に堕ちた身魂たち」を「岩戸開き」に使うのは何故だろうか？　もっと「我」が弱くて素直な身魂たちがよいのではないだろうか？　あなたが神であるなら、どちらの身魂を選ぶだろうか？

日月神示をキチンと理解していない者にとっては、このような質問に的確に応えることはまず不可能であろう。しかし、この本の読者なら正確に応えられるはずである（と信じたい）。

〈「片歌」の本質について〉

「扶桑《ふそう》之巻」には十四首の「片歌」が登場しているので、特別編として「片歌に関する補足と私的旋頭歌《せどうか》論」と題した小論を掲載した。これは読者に研鑽のための材料を提供するというよりも、私自身の勉強のために纏めたものであるから、あくまで参考程度に捉えて頂きたい。

片歌は「五十黙示録」以外の巻にもかなりの数が降ろされていることは事実であり、神にも何かお考えがあってのことだと思われる。ちなみに「片歌」が最も多く降ろされているのは第二十四巻「黄金《こがね》の巻」第四十四帖であり、何と「71首」もの片歌が連続して降ろされている。

また、この帖の始めには「片歌」について次のような教示がある。

奉《たてまつ》る歌書かしておいたに何故読まんのぢゃ。大き声で読み上げよ。歌うたい呉《く》れと申してある時来ているぞ。歌でイワトひらけるぞ。皆歌え唄え。各《おの》も各も心の歌つくって奉《まつ》れよ。歌結構ぞ。

（第二十四巻「黄金《こがね》の巻」第四十四帖）

冒頭に「**奉《たてまつ》る歌**」とあるが、これが「片歌」のことである。この神示から分かるように、神が降ろす「片歌」は「祝詞」と同じように「言霊」であると言うことが出来る。言霊であるから「**歌でイワトひらけるぞ**」と示されているのであろう。

「**皆歌え唄え**」とか「**各《おの》も各も心の歌つくって奉《まつ》れよ**」とあるのは、天明が片歌の愛好者であり実践者であったことが最も大きな要因であろうが、天明の同志たちにもこのような素養があったかどうかは定かではない。ただ私を含め現代の我々にとっては、「歌をつくる」ことはさすがに困難であるあろう。

〈第一巻「扶桑《ふそう》之巻」あとがき　了〉

内記正時　ないき まさとき

昭和二十五年生、岩手県出身。祖父、父とも神職の家系にて幼少期を過ごす。昭和四十年、陸上自衛隊に入隊。以来40年間、パイロット等として防人の任にあたる傍ら、50回以上の災害派遣任務を完遂。平成十七年、２等陸佐にて定年退官。

平成三年、日月神示と出合い衝撃を受けるとともに、日本と日本人の使命を直感、妻と共に二人三脚の求道、修道に入る。導かれるままに、百を超える全国の神社・聖地等を巡り、神業に奉仕する。現在は、神職、古神道研究家として、日月神示の研究・研鑽にあたる。

主な著書に『ときあかし版［完訳］日月神示』『奥義編［日月神示］神一厘のすべて』『秘義編［日月神示］神仕組のすべて』（いずれもヒカルランド）などがある。

岡本天明　おかもと てんめい

明治三十年（一八九七）十二月四日、岡山県倉敷市玉島に生まれる。

青年時代は、名古屋新聞、大正日々新聞、東京毎夕新聞などで新聞記者生活を送る。また太平洋画会に学び、昭和十六年（一九四一）、日本俳画院の創設に参加。

米国、南米、イスラエル、東京、大阪、名古屋などで個展を開催。

『俳画講義録』その他の著書があり、昭和二十年（一九四五）頃から日本古神道の研究を始め、『古事記数霊解』及び『霊現交流とサニワ秘伝』などの著書がある。

晩年は三重県菰野《こもの》町鈴鹿山中に居を移し、画家として生活していた。

昭和三十八年（一九六三）四月七日没す。満六十五歳。

岩戸開き ときあかし❶
日月神示の奥義【五十黙示録】第一巻「扶桑之巻」（全十五帖）

第一刷 2023年3月31日

解説 内記正時
原著 岡本天明

発行人 石井健資
発行所 株式会社ヒカルランド
〒162-0821 東京都新宿区津久戸町3-11 TH1ビル6F
電話 03-6265-0852 ファックス 03-6265-0853
http://www.hikaruland.co.jp info@hikaruland.co.jp
振替 00180-8-496587

本文・カバー・製本 中央精版印刷株式会社
DTP 株式会社キャップス
編集担当 TakeCO

ISBN978-4-86742-241-0

ヒカルランド　近刊予告！

地上の星☆ヒカルランド　銀河より届く愛と叡智の宅配便

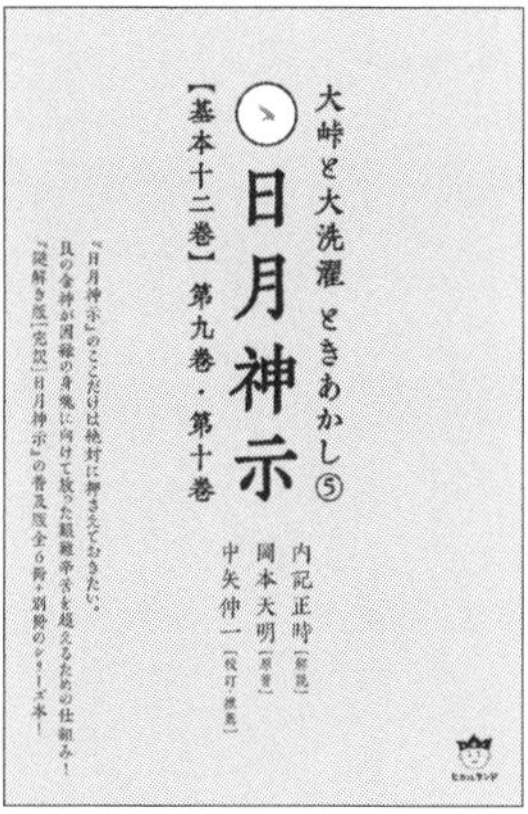

大峠と大洗濯　ときあかし⑤
◉日月神示【基本十二巻】
第九巻・第十巻
解説：内記正時／原著：岡本天明／
校訂・推薦：中矢伸一
四六ソフト　予価2,000円+税

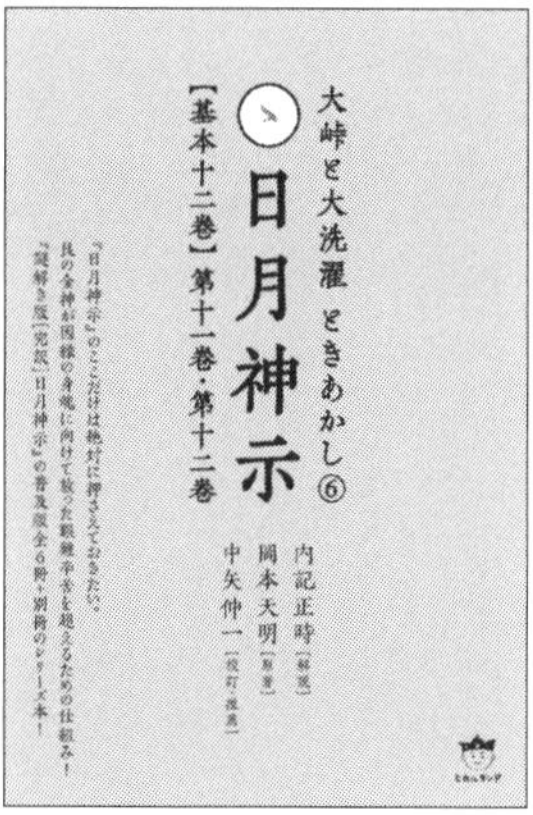

大峠と大洗濯　ときあかし⑥
◉日月神示【基本十二巻】
第十一巻・第十二巻
解説：内記正時／原著：岡本天明／
校訂・推薦：中矢伸一
四六ソフト　予価2,000円+税

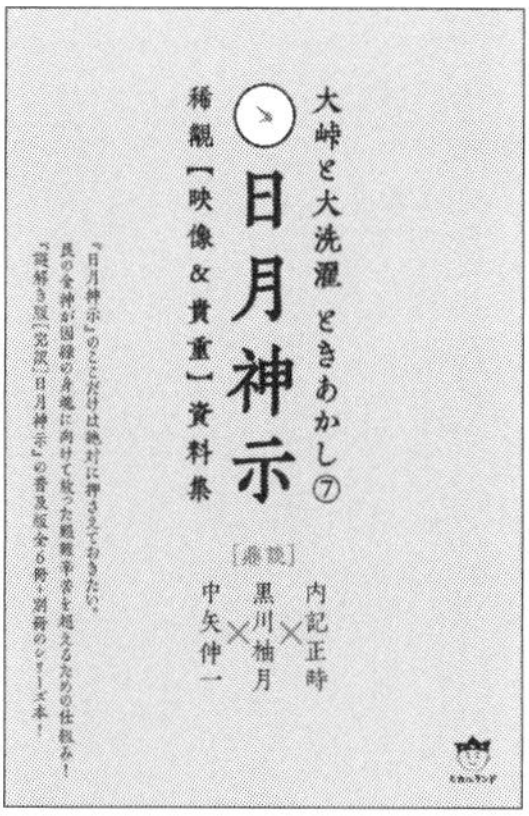

大峠と大洗濯　ときあかし⑦
◉日月神示【基本十二巻】
稀覯【映像&貴重】資料集
内記正時×黒川柚月×中矢伸一
四六ソフト　予価2,000円+税